HACKS PARA VIAJAR

Cómo Ahorrar Dinero, Tiempo y Frustración en tus Viajes e Ir a Todos los Lugares que Siempre Habías Soñado

DANIEL J. HARRETT

© **Copyright 2024 – Daniel J. Harrett - Todos los derechos reservados.**

Este documento está orientado a proporcionar información exacta y confiable con respecto al tema tratado. La publicación se vende con la idea de que el editor no tiene la obligación de prestar servicios oficialmente autorizados o de otro modo calificados. Si es necesario un consejo legal o profesional, se debe consultar con un individuo practicado en la profesión.

- Tomado de una Declaración de Principios que fue aceptada y aprobada por unanimidad por un Comité del Colegio de Abogados de Estados Unidos y un Comité de Editores y Asociaciones.

De ninguna manera es legal reproducir, duplicar o transmitir cualquier parte de este documento en forma electrónica o impresa.

La grabación de esta publicación está estrictamente prohibida y no se permite el almacenamiento de este documento a menos que cuente con el permiso por escrito del editor. Todos los derechos reservados.

La información provista en este documento es considerada veraz y coherente, en el sentido de que cualquier responsabilidad, en términos de falta de atención o de otro tipo, por el uso o abuso de cualquier política, proceso o dirección contenida en el mismo, es responsabilidad absoluta y exclusiva del lector receptor. Bajo ninguna circunstancia se responsabilizará legalmente al editor por cualquier reparación, daño o pérdida monetaria como consecuencia de la información contenida en este documento, ya sea directa o indirectamente.

Los autores respectivos poseen todos los derechos de autor que no pertenecen al editor.

La información contenida en este documento se ofrece únicamente con fines informativos, y es universal como tal. La presentación de la información se realiza sin contrato y sin ningún tipo de garantía endosada.

El uso de marcas comerciales en este documento carece de consentimiento, y la publicación de la marca comercial no tiene ni el permiso ni el respaldo del propietario de la misma.

Todas las marcas comerciales dentro de este libro se usan solo para fines de aclaración y pertenecen a sus propietarios, quienes no están relacionados con este documento.

Índice

Introducción	vii
1. Reserva	1
2. Embalaje	9
3. Viaje Aéreo	17
4. Seguridad	21
5. Hoteles	33
6. Cruceros	53
7. Parques Temáticos	63
8. Playas	69
9. Esquí	75
10. Acampada	81
11. Consejos Generales	89
12. Más De 400 Consejos Adicionales	97
Conclusión	167

Introducción

Retrasos de vuelos, atascos de tráfico, pérdida de equipaje.

Viajar, ya sea al final de la calle o al otro lado del mundo, puede ser a menudo agitado, estresante y caro. No se preocupe: Travel *Hacks* está aquí para ayudarle.

En estas páginas he recopilado trucos rápidos y sencillos que te ayudarán a simplificar la experiencia de viajar, para que puedas llegar a donde necesites sin que todos los quebraderos de cabeza y los costes ocultos te hagan un agujero en el bolsillo. Hemos reunido consejos secretos, atajos y listas detalladas para prepararte para el viaje, ayudarte a sobrevivir al avión, aprovechar al máximo tus vacaciones y volver a casa sano y salvo.

Los trucos de este libro se dividen en capítulos centrados en determinados temas, como planificar y reservar, hacer la maleta de forma inteligente, viajar con niños y viajar por

Introducción

carretera, para ayudarte en tus vacaciones, desplazamientos o viajes de trabajo. Puedes leer la sección en la que necesites más ayuda, o simplemente hojear cualquier página para un rápido repaso a los viajes. Sea cual sea el tema para el que necesites ayuda, tenemos todo lo que necesitas, así que consulta cualquier página y aprende a viajar como un profesional.

1

Reserva

Una vez que le llega la inspiración y ha investigado sus planes de viaje, está listo para dar el primer paso, normalmente desde la comodidad de su propia casa. Pero incluso cuando enciendes el portátil y las páginas web de comparación de precios de vuelos y hoteles, hay tácticas que puedes utilizar de inmediato para ahorrar dinero.

Cuanto más tiempo y trucos esté dispuesto a invertir, más podrá ahorrar. Por supuesto, los precios están sujetos a un millón de variables y algoritmos diferentes, ya que los operadores intentan obtener beneficios, pero aun así, hay formas y maneras de poner las probabilidades a su favor tanto como sea posible.

Inscríbete pronto

. . .

Tanto si acabas de reservar un vuelo como un hotel, inscríbete inmediatamente en su programa de fidelización (si lo tienen, estará muy promocionado en su sitio web). Solo te llevará uno o dos minutos y podrás empezar a disfrutar de ventajas gratuitas (por ejemplo, internet gratis en la habitación del hotel) de inmediato.

Esconderse en el sitio del avión

Hagas lo que hagas en Internet, hazlo bajo el manto del anonimato. Activa el modo de "navegación privada" en cualquier programa que utilices para navegar por Internet (si no estás seguro de cómo hacerlo, busca en Google tu navegador, por *ejemplo* "Chrome/Firefox/Safari" y "Activar navegación privada" y sigue las instrucciones). ¿Por qué? No porque estés haciendo nada ilegal, sino porque las webs de viajes utilizan unas cosas llamadas "cookies" para saber quién las visita y, si ven que ya las has visitado antes (por ejemplo, si vuelves después de buscar unos días antes y decides no comprar, pero ahora cambias de opinión), suelen aumentar el precio que te ofrecen. Como parece que estás más interesado, intentarán subirte la oferta. Pero si se dan cuenta de que es la primera vez que compra, es probable que intenten atraerle con una oferta más barata. Borra tu historial de búsqueda para ser el mejor comprador secreto.

Vacaciones

Si quieres ir a algún sitio, por ejemplo, en Navidad, obtendrás la oferta más barata reservando en un lugar que no celebre esta festividad en concreto (por ejemplo, Turquía, las Maldivas o Israel).

Vuelo de ida, dos veces

Si no quiere aprovechar su fidelidad a una aerolínea para ganar millas o estatus, reservar un vuelo de ida y vuelta con dos aerolíneas distintas puede salirle más barato. Otra ventaja de este método es que te permite elegir mejor las horas de salida y llegada.

Tome el camino menos transitado

Tendrá muchas más probabilidades de conseguir las esquivas subidas de clase si reserva un billete en clase turista con un código de reserva Y o B. Llame a la aerolínea para hacerlo cuando haya decidido su vuelo. Obviamente, esto funciona mejor si participa en el programa de viajero frecuente de la aerolínea (inscríbase en su programa) y ha sido un viajero fiel en el pasado.

Juega a los números (y a los días)

Por regla general, las tarifas aéreas nacionales son más baratas, por término medio, 21 días antes de la salida del vuelo. En el caso de los viajes internacionales, la media es de 34 días antes de la salida.

Elige tus días

Si planea un viaje de una semana y puede ser flexible con los días, estadísticamente los viajes nacionales son más baratos si se sale un sábado y se regresa un lunes. Para viajes internacionales de una semana, salga un martes y vuelva un miércoles. De nuevo, se trata sólo de normas generales basadas en diferencias de precios medios, pero merece la pena tenerlas en cuenta.

Dispara tu prueba

Haz una captura de pantalla de la confirmación de compra de cada billete o reserva. Los correos electrónicos pueden perderse, y es bueno tener una copia de seguridad con todos los datos en un solo lugar. Crea una carpeta llamada "recibos". Tendrás al instante un registro de precios, números de seguimiento, términos de búsqueda y números de referencia para buscar en tu correo electrónico, y es una gran copia de seguridad si llegas y tienes que mostrar una prueba/confirmación y no hay servicio de Internet disponible.

Ir de vacaciones para reservar

El lugar donde compre el billete puede influir en el precio. Si reserva desde una ciudad que suele tener un nivel de vida más bajo que donde usted vive, todos los vuelos serán, en general, más baratos de comprar. Vaya a su sitio web habitual de comparación de vuelos -por ejemplo, Expedia- y luego cambie su país de residencia por otro -por ejemplo, India- y vea cómo se comparan los precios del mismo vuelo (Nueva York-Londres, por ejemplo). Recuerda que verás los precios en moneda local, así que ten cuidado con los tipos de cambio.

Tómese un día libre

Aunque reserve el vuelo más barato y menos flexible sin reembolso si cambia de opinión, suele haber un plazo de 24 horas dentro del cual puede cancelarlo. Esto es útil si compra distraídamente una tarifa para la fecha equivocada y se da cuenta, o si ve que hay una tarifa mejor disponible dentro de ese plazo. En cualquier caso, no hay problema en anular y volver a reservar. Algunas aerolíneas permiten dejar la tarifa en suspenso durante 24 horas: en el momento de redactar este artículo, American Airlines, Southwest Airlines y Virgin America. Algunas aerolíneas (por ejemplo, United Airlines) cobran una tarifa simbólica por retener el billete hasta una semana.

Elige un número

Hay dos vuelos similares por precios parecidos. Uno vuela en un Boeing 767. El otro no. Si odias los asientos intermedios, es mejor elegir el 767, ya que hay menos. Sí, sólo estás jugando con los números, pero todo ayuda.

Siéntate bien

Independientemente del vuelo que vayas a reservar, lo mejor es que consultes seatguru.com, que te da acceso a las tablas de asientos de todos los vuelos comerciales y te informa de qué asientos están junto a los baños, tienen un centímetro más de espacio para las piernas, *etc*.

No se detenga

. . .

Las normas sobre escalas gratuitas varían un poco, pero una buena regla general es que probablemente pueda hacer una si tiene una conexión de más de cuatro horas en vuelos nacionales o de 24 horas en vuelos internacionales. Si quiere tachar un destino de su lista de destinos favoritos de forma gratuita, consulte con su aerolínea la política sobre escalas gratuitas. Son especialmente favorables a las escalas en su ciudad principal, lo que significa que puede visitar uno o dos destinos más sin desembolsar billetes adicionales.

Surfista agazapado, ciudad oculta

Existe una técnica de reserva un tanto avanzada (y controvertida) llamada "billetaje de ciudad oculto" que puede, si se hace correctamente, reducir el coste de un vuelo. Dado que las tarifas de los vuelos están sujetas a las fuerzas del mercado y no reflejan necesariamente el número de millas voladas, a veces es posible que un vuelo entre el punto A y el punto C, con conexión en el punto B, PODRÍA ser más barato que un vuelo del punto A al punto B. En ese caso, un pasajero podría comprar el vuelo del punto A al punto C (con conexión en el punto B) y simplemente no tomar el tramo siguiente. Obviamente, sólo se puede llevar equipaje de mano y el viaje tiene que ser de ida, ya que la aerolínea suele cancelar el trayecto de vuelta si se emplea esta táctica en el viaje de ida. El billetaje oculto en la ciudad no es ilegal, pero contraviene las políticas de muchas aerolíneas (aunque es muy poco probable que persigan un incidente aislado; al fin y al cabo, es difícil demostrar que alguien ha perdido un vuelo a propósito). La excepción es Southwest Airlines, que en el momento de redactar este artículo no tenía ninguna norma contra esta práctica. Hay riesgos, pero realmente puede ahorrarle dinero: infórmese sobre cómo emplear mejor esta estrategia antes de probarla.

Cabezal de cama

Puede que esto sólo funcione si vas a coger un vuelo especialmente largo en una aerolínea de bajo coste, y las aerolíneas de bajo coste no suelen hacer vuelos de larga distancia, pero merece la pena tenerlo en cuenta. Es un truco de cama plana que no implica pagar un billete de clase Business. En lugar de eso, mira el precio de reservar tres asientos en Turista y resérvalos todos en una fila. Así podrá estirarse y echarse una siesta hasta llegar a su destino.

2

Embalaje

Este es uno de los aspectos más complicados de los viajes, pero casi todos lo pasamos por alto. A menudo caemos en la misma rutina de meter en la maleta jerséis y ropa interior en el último momento, y luego maldecir los recargos que imponen las aerolíneas por sobrepasar el peso permitido al facturar o gastar una pequeña fortuna en artículos que olvidamos llevar. Sin embargo, hay formas sencillas de asegurarse de ir bien equipado y no sobrecargado.

Pensar fuera del caso

Si te lo vas a poner de camino, asegúrate de que te lo vas a poner cuando estés allí. Que esté nevando cuando te vayas a pasar una semana en el Caribe no significa que debas llevar tu abrigo más pesado al aeropuerto. Ponte ropa más ligera que puedas llevar individualmente cuando llegues.

· · ·

Ojalá estuvieras aquí (incluso en los momentos difíciles)

Si sólo vas a llevar una maleta de mano, que sea blanda. Las bolsas de viaje son buenas, pero cualquier cosa maleable y blanda servirá. Por lo general, el personal de cabina podrá meterla en un compartimento superior y tendrás menos posibilidades de que te la quiten en la puerta de embarque y te obliguen a facturarla.

Valor vertical

Meta más ropa en su maleta poniéndola en posición vertical y cargando desde abajo. También tiene la ventaja añadida de poder sacar cualquier prenda sin ensuciar la pila al volver a colocarla en posición normal.

Sigue la corriente

Enrollar la ropa es, con diferencia, la forma más eficaz de aprovechar el espacio de la maleta. Si quieres llevar tu equipaje al siguiente nivel, perfecciona tus habilidades de enrollado con los vídeos de instrucciones de YouTube y utiliza bolsas de aire/compresión espacial para extraer el aire y reducir aún más el tamaño.

¿Demasiado rico para rodar?

Si tu ropa no se presta a ser enrollada y sellada al vacío, entonces a) enhorabuena por un armario de gama alta y b) empaquetar las prendas en papel de seda también ayudará a reducir las arrugas.

Calcetín lleno

Enrolla los calcetines. Mételos en los pares de zapatos o zapatillas que lleves. Tu calzado conserva su forma, se ahorra espacio y hay mucho regocijo.

Recién bajados del barco. O del avión

Coloque un par de hojas de secadora junto con su ropa y disfrute de un olor fresco y una ropa libre de estática en su destino.

El fondo está abajo

Equilibre el fondo de la maleta colocando el calzado -que suele ser lo más pesado- en la parte inferior, cerca de las ruedas, y diga adiós a los problemas de vuelco.

Los zapatos no sólo pueden albergar tus calcetines con cierto aplomo, sino que también pueden ser un buen estuche improvisado para cualquier botella de cristal.

Esfuerzo de equipo

Si viajas con alguien a quien conoces bien y confías en que no te va a meter nada ilegal "para reírse", considera la posibilidad de hacer maletas cruzadas. Para ello, cada uno mete la mitad de sus cosas en la maleta del otro. De este modo, si uno de los equipajes se va de viaje durante unos días, ninguno de los dos se quedará sin nada que ponerse.

Coordinar para consolidar

Empacar ropa de un tono similar te servirá tanto en la cantidad de artículos que tienes que empacar como en la versatilidad de tu guardarropa de maleta. Combinarán automáticamente y, si te decantas por el lado más oscuro, no tendrás que preocuparte tanto por las manchas.

Embalaje adecuado

Ya dispone de una amplia gama de pequeños maletines, perfectos para artículos de viaje.
 Sólo tienes que reutilizarlos. Pastilleros para joyas, clips para proteger los cabezales de las maquinillas de afeitar, viejas fundas de gafas para cables y cargadores, pinzas para el pelo en cajas vacías de Tic-Tac. Alinea tus cinturones alrededor de los cuellos de las camisas para mantenerlos convenientemente crujientes.

Dulce retorno

Coge el jabón que no has usado en el hotel y métele en la bolsa de la ropa sucia para que el resto de la maleta no se llene de olor a ropa sucia cuando llegues a casa.

Maravillas todo en uno

Los multi-sticks universalistas son una mejor apuesta que los productos de maquillaje por separado, y algo como una bufanda infinita sirve de cómoda manta, cojín y máscara para los ojos.

. . .

Va pesado

Sea cual sea la gama de ropa que lleves contigo, asegúrate de llevar el abrigo y los zapatos más voluminosos (que puedas quitarte en el avión) para el viaje de ida. El abrigo puede hacer las veces de almohada.

Almohada, debo ir

Si ya eres aficionado a viajar con almohada, ponle dos fundas a tu favorita. Cuando llegues a tu destino, tendrás una bolsa de lavandería lista para usar y una almohada limpia en la que descansar tu cansada cabeza durante el viaje de vuelta.

Papeles y plástico

Haga fotocopias de la página de la foto de su pasaporte y guarde una en cada bolsa; lo mismo para su carné de conducir o cualquier visado que pueda tener.

Alto y seco

. . .

No tire esas bolsitas de gel de sílice que vienen con la mayoría de los aparatos electrónicos domésticos. Consérvelos y llévelos con su equipaje; son especialmente útiles en el viaje de vuelta, cuando puede formarse moho en la maleta.

Pulvericemos

Si eres muy reacio a planchar, mete en la maleta una botella de spray pequeña y vacía. Cuando deshagas la maleta, rocía la ropa con un poco de agua y cuélgala toda la noche. Por la mañana las arrugas habrán desaparecido.

3

Viaje Aéreo

Incluso si sólo viaja en avión con poca frecuencia, es una historia demasiado familiar de estar sometido a un régimen en contra de su voluntad. Con cada vez más vuelos en todos los aeropuertos, las colas son más largas, los servicios más exigentes y el estrés mayor para todos. ¿Y lo más extraño?

No hay mucha gente que haga nada para remediar la situación. De acuerdo, existen sistemas de seguridad que no se pueden eludir, pero hay formas sutiles y sencillas de mejorar la experiencia aeroportuaria, e incluso empleando sólo algunas de ellas se va por delante de las hordas. Es una gran sensación, independientemente de la clase en la que viaje. Éstas son nuestras sugerencias, desde antes de llegar hasta que aterrice en su destino.

. . .

DE LA FACTURACIÓN A LA PUERTA DE EMBARQUE
Inicios de la aplicación

Descarga y utiliza la aplicación que probablemente tenga tu aerolínea. Podrás imprimir las tarjetas de embarque (normalmente también puedes hacerlo a través de su página web utilizando la referencia de tu reserva) o incluso descargarlas en tu teléfono para mostrarlas en los controles de seguridad.

Sólo tendrás que hacer cola para dejar las maletas (si las has facturado) o, si no, pasar directamente por el control de seguridad.

Sentarse bien

Haz el check-in online: la mayoría de las aerolíneas te permiten hacerlo con 24 horas de antelación, o a veces más si eres miembro de su programa de fidelización (lo que SIEMPRE DEBERÍAS SER). Si vas a reservar asientos para dos personas, elige asientos de ventanilla y pasillo, de modo que si nadie elige el asiento del medio (¿y quién elige un asiento del medio?), tengas toda la fila para ti solo. Si por casualidad esto ocurre (por ejemplo, en un vuelo lleno), pide amablemente cambiar de asiento con esa persona y no estarás en peor situación de la que hubieras estado al principio.

Embotéllalo

Lleve una botella de agua de plástico vacía, que podrá rellenar con suficiencia en las fuentes de agua públicas una vez que pase el control de seguridad.

Salir por ahí

No es del todo sabido que los aeropuertos suelen vender pases de un día para una de las salas genéricas. No son las superlujosas de las que disfrutan los pasajeros de Primera Clase, pero, sin embargo, son un bienvenido paso adelante respecto al relativo caos de la sala de embarque pública. El precio puede ser prohibitivo el mismo día del vuelo, pero si es lo bastante organizado como para buscar en Internet, las compras anticipadas pueden ofrecerle importantes descuentos. Consulte también Priority Pass (desde unos 99 dólares al año) y otros planes similares, que dan acceso a cientos de salas VIP de aeropuertos de todo el mundo, pero que funcionan mejor para viajeros frecuentes. Por último, compruebe si su tarjeta de crédito le da acceso a las salas VIP (American Express Platinum, por ejemplo).

· · ·

Copia de seguridad

Al facturar (sobre todo en vuelos de larga distancia), pregunte si el vuelo está completo. Si no lo está, solicite un asiento en la parte trasera. Sí, tardarás algo más en desembarcar en el otro extremo, pero las posibilidades de que haya asientos vacíos a tu alrededor aumentan sustancialmente. Si hay sitio, pida sentarse junto a asientos vacíos en la medida de lo posible. Este juego de números jugará a su favor cuando embarque. Suba al avión lo más tarde que pueda, esperando a que los demás vayan primero. Camina hasta tu asiento del fondo. Si estás solo en una fila (suponiendo que sea de tres asientos), siéntate en el asiento del medio. Esto disuadirá a cualquiera de intentar desplazarse de su asiento a tu fila. Es bastante mercenario, pero si consigues hacerlo descaradamente, tendrás una fila libre en la que estirarte durante todo el vuelo.

4

Seguridad

Aburrido de los anillos

No lleve (ni empaque) muchas joyas. Es una molestia quitárselas durante el control de seguridad y un riesgo para la seguridad en el destino.

Menudo carry on

Mientras esté en la cola de seguridad, guarde el contenido de sus bolsillos en la bolsa de mano, junto con relojes, joyas, *etc*.

Bolsas de tiempo

Sé previsor y organiza tu equipaje de mano en secciones separadas o bolsas dentro de bolsas. Una para el portátil (las fundas de tela asequibles también ofrecen protección) y el lector electrónico, otra para los líquidos, *etc*.

Tráfico peatonal

Hay una cosa importante que debe recordar para lograr la máxima eficacia en el control de seguridad: zapatos sin cordones. Ojalá todo el mundo se acordara de esto.

Mantener la calma y seguir adelante

Vale la pena recordar que la seguridad aeroportuaria trata todo el día con viajeros incompetentes. Si te piden algo, vas a ayudar infinitamente a tu causa permaneciendo tranquilo, educado y servicial, por muy inconveniente que creas que es la intrusión. Una vez vi cómo retenían en seguridad a una gran estrella de cine que intentaba coger un vuelo: los agentes sólo querían registrar algo en su maleta, pero él se opuso verbalmente y perdió mucho más tiempo del que habría perdido de otro modo.

El late show

. . .

Si por cualquier motivo no puedes llegar a tiempo, HABLA CON ALGÚN miembro del personal. Normalmente harán todo lo posible para que llegues a tu vuelo, sobre todo si llevas equipaje facturado, ya que las compañías aéreas siempre quieren evitar sacar maletas del avión y provocar retrasos.

Compañeros de puerta

Retrasos, conexiones perdidas, fallos en los equipos... son cosas que ocurren a menudo y que a nadie hacen feliz. En realidad, no hay nada práctico que hacer al respecto, excepto esperar a que pasen las cosas, por frustrante que sea. En cualquier caso, no tiene sentido que te enfades con los agentes de la puerta de embarque. Si se trata de una situación fluida que requiere cambios de reserva y cosas por el estilo, los necesitas de tu lado, así que sé educado, conciso con tus preocupaciones y ayúdales a que te ayuden. Tienen mucho poder ahí detrás. Manténgalos de su lado.

Bump day

Esto sólo es bueno si puedes ser flexible y viajas solo, pero muchos vuelos están sobrerreservados y las aerolíneas piden a la gente que renuncie a sus asientos todo el tiempo. Por supuesto, nadie lo hará sin una compensación, que suele consistir en bonos de vuelo o dinero en metálico.

Puedes pasearte despreocupadamente por el mostrador antes de que se anuncie el embarque o hacer una pregunta educada desde el principio y seguir la pista a tus compañeros de vuelo por si acaso. Pregunte a los asistentes si es probable que busquen voluntarios. Incluso si no están seguros en ese momento, estás en su radar y es probable que te busquen si llega el momento. Si es el último vuelo del día, también te alojarán en un hotel del aeropuerto y te darán vales de comida. Por supuesto, comprueba siempre los detalles de la compensación que te ofrecen.

Dolores de remo

Esto es una repetición de la táctica iniciada en la facturación, cuando solicitaste un asiento en la parte trasera del avión (uno que no esté lleno). Merece la pena repetirla para aumentar tus posibilidades en el último momento.

Sube al avión lo más tarde que puedas, esperando a que los demás salgan primero. Camine hasta su asiento en la parte trasera. Si estás solo en una fila (suponiendo que sea de tres asientos), siéntate en el asiento del medio. Esto disuadirá a cualquiera de intentar desplazarse de su asiento a tu fila. Es bastante mercenario, pero si consigues hacerlo descaradamente, tendrás una fila libre en la que estirarte durante todo el vuelo.

Tratado sobre las armas

Si al embarcar y sentarte hay un asiento vacío a tu lado, baja inmediatamente el reposabrazos. De ese modo, si una persona muy grande se sienta a tu lado, al menos habrás tomado medidas para minimizar cualquier posible invasión.

Comida rápida

Con un poco de previsión, puedes comer temprano y renunciar a esa rutina binaria de "pollo o ternera". Considera la posibilidad de solicitar una comida especial (kosher, vegetariana, hindú, etc.) y no solo te servirán primero como a un miembro de la realeza, sino que también podrás dormir antes o adelantarte en la cola para ir al baño después de comer (aunque tendrás que estar en un asiento de pasillo o carecer de vergüenza para que esto funcione).

Bolsa de regalo

. . .

¿Sientes envidia de esas bolsitas de regalo que reparten a los grandes apostadores en clase preferente? En realidad no es para tanto: no es como en los Oscar ni nada parecido, no te regalan reproductores de DVD portátiles ni palillos chinos chapados en oro ni nada parecido.

Hazte el tuyo propio, desenvuélvelo mientras suenan las señales de los cinturones de seguridad y disfruta de la gloria de parecer mejor que tus compañeros de clase. Todo lo que necesitas para tu versión económica son tapones para los oídos, un antifaz, bálsamo labial, toallitas de bebé, pañuelos de papel y una muestra de crema hidratante, y bingo: eres el VIP de la parte trasera del avión.

El tiempo vuela

Es un consejo trillado, pero si la diferencia horaria entre la ciudad de salida y la de llegada es superior a un par de horas, cambie de reloj al subir al avión e intente dormir a una hora adecuada para su llegada.

Frótalo

Aplícate crema hidratante en las manos y la cara en los vuelos largos: combatirás los efectos deshidratantes de la cabina y las pomadas tendrán tiempo de sobra para hacer su trabajo.

Verdadero brebaje

¿Eres exigente con tu bebida caliente? No se sienta obligado a elegir en el carrito. Lleve su propia bolsita de té/miel/limón y téngala preparada en un termo para que el auxiliar de vuelo la llene de agua caliente.

Escucha, escucha.

Los auriculares estándar no mejoran mucho la presentación visual. Invertir incluso en el par más barato de auriculares con reducción de ruido mejorará bastante la experiencia visual. Algunas aerolíneas son tramposas con las conexiones, pero puedes comprar convertidores de auriculares en la mayoría de las grandes tiendas de electrónica.

Píldora de derechos

No cuentes con dormir si piensas tomar somníferos en un vuelo nocturno. Espere a que el avión despegue. Si algo va mal o te retrasas en tierra, estarás aturdido cuando necesitas estar despejado.

Nariz por delante

Si eres sensible a los caprichos aromáticos de tus compañeros de viaje, lo mejor es que lleves una pequeña lata de Vicks o un bálsamo nasal similar y te lo pases bajo las fosas nasales en caso de emergencia.

Enchufe entero

Compre los tapones de espuma en la ferretería, no en la farmacia.

Guerra del surf

Muchas aerolíneas cobran por internet, pero en algunas puedes navegar gratis con este truco. Para reproducir películas en tu teléfono o tableta, es posible que el servicio te pida que descargues la aplicación Gogo Video Player App.

. . .

Si lo hace, acepta y te llevará a la App Store. Enhorabuena, ya estás conectado en secreto (sin tener que comprar ni descargar nada) y puedes navegar. Si se reinicia, repite el proceso. La última vez que lo comprobé, funcionaba con US Airways, Delta, American, Alaska y Air Canada.

Consejos sobre el miedo a volar

Aunque coger un avión es algo habitual para mucha gente hoy en día, todavía hay algunas personas que sienten una aversión natural hacia él. Para los que sienten niveles remediables de ansiedad, he aquí algunas técnicas de afrontamiento:

Invierte en unos buenos auriculares con cancelación de ruido. A muchas personas lo que les causa estrés son los sonidos cambiantes del motor, así que evitarlos es un buen comienzo.

Reserve un asiento en el pasillo o en la sección central, lejos de las ventanillas donde puede obsesionarse con las alas, las alturas, *etc*.

Observa a la tripulación y piensa en lo tranquilos que están. Recuerda que hacen esto todos los días, y no lo harían si no fuera completamente seguro.

· · ·

Algunas personas recomiendan, si es posible, dar un paseo en una atracción de caída vertical de un parque de atracciones. La sensación de ingravidez y pérdida de control puede ser aterradora, pero luego recordar esta sensación cuando se producen turbulencias y saber que alguien la controla y responde a ella debería ser tranquilizador.

CONEXIONES

Estancia prolongada

Normalmente, lo que busca son conexiones cortas. Sin embargo, a veces puede apetecer salir a ver un museo o ir a comer a un buen restaurante en la ciudad de conexión. Al menos en Estados Unidos, los billetes de avión nacionales sólo permiten escalas de cuatro horas como máximo. Para evitarlo y disfrutar de un poco más de tiempo en la ciudad de conexión, reserve los vuelos normalmente y solicite un vuelo anterior desde el aeropuerto de origen. Eso significa llegar antes y no está garantizado, pero puede valer la pena intentarlo. Las normas de espera varían según la aerolínea, así que infórmate antes. Tenga en cuenta también que esta táctica funciona mejor los fines de semana, cuando es más probable que se despeje la lista de espera. Los viernes por la tarde o los lunes por la mañana no suelen funcionar.

. . .

El retraso que llamamos jet

Los ritmos internos del cuerpo suelen tardar entre un día y un día y medio en adaptarse a cada zona horaria, pero puedes reducir este tiempo de recuperación aumentando poco a poco tus horas de sueño antes de ese vuelo de larga distancia, así como acercando tus comidas y la hora de acostarte a las de tu destino. Esto requiere cierta planificación, pero si se dirige al este, empiece a acostarse una hora antes cada noche y a levantarse una hora antes cada mañana.

Si te diriges al oeste, prueba a acostarte una hora más tarde cada noche/mañana durante unos días.

Taxi en posición

Suele haber una cola enorme para recoger a la gente en llegadas. Si no está muy lejos, diríjase a la zona de Salidas.

Allí encontrará una gran cantidad de taxis sin cola, dispuestos a recogerle de inmediato.

Uber inteligente

. . .

Muchas ciudades tienen normas que restringen el uso de Uber en los aeropuertos. Para evitar esto, siga las señales hacia las lanzaderas del aeropuerto. Coge el autobús de enlace de cualquier hotel (los conductores no suelen comprobar si eres un huésped): el hotel estará fuera de la zona aeroportuaria y podrás llamar a un Uber.

Esto también se puede utilizar para evitar las tasas adicionales de recogida en el aeropuerto añadidas a Uber en varios aeropuertos.

5

Hoteles

Todos los hoteles del mundo prometen un hogar lejos del hogar, pero no todos lo cumplen. La contaminación acústica y lumínica, las molestias y los gastos en los hoteles son algo demasiado habitual. Aquí tienes unos cuantos consejos que te ayudarán a sacar el máximo partido a tu estancia, tanto en un motel de carretera como en el hotel más lujoso de la ciudad. Sigue estos consejos y estarás cómodo, tendrás todos tus aparatos electrónicos personales funcionando a pleno rendimiento e incluso ahorrarás una buena cantidad de dinero. Compruébalos antes de alojarte:

Tomado nota

Si te alojas en hoteles de Estados Unidos, en particular, merece la pena llevar una buena cantidad de billetes de un dólar para las propinas.

Los botones, el aparcacoches, el servicio de habitaciones, el conserje, los camareros, el servicio de limpieza, el Gideon que pone una biblia en tu habitación... todos quieren un trozo del pastel de billetes de un dólar, así que ten a mano pequeños trozos para lanzarlos como valioso confeti.

Sólo para miembros

Al igual que con las aerolíneas, tiene sentido inscribirse en el programa de fidelización del hotel aunque no sea probable que vuelva a alojarse en él. Incluso los miembros básicos suelen obtener WiFi gratis en la habitación y, a veces, otras ventajas como agua embotellada o salidas tardías.

Haz lo que quieras

Sitios web como www.priceline.com o www.hotwire.com ofrecen la posibilidad de pujar por una habitación de hotel.

Se trata de una propiedad sin especificar, pero si eres flexible, puedes limitarte a un barrio y a una categoría de estrellas, y suele haber descuentos muy importantes. Si tienes nervios de acero, también puedes conseguir precios muy bajos un día o dos antes de viajar en sitios como www.groupon.com.

Ganancia de divisas

Si tienes tiempo, busca en diferentes versiones del mismo sitio web específicas de cada país dentro de una ventana de incógnito del navegador para aprovechar las tarifas más bajas que se ofrecen en los distintos mercados. Por ejemplo, Expedia en Australia (www.expedia.au) puede ser más barata que www.expedia.com si tienes en cuenta la diferencia de cambio de divisas; necesitarás un conversor en línea (www.xe.com) para comprobar los precios y ver si merece la pena.

Llamada en frío para un acuerdo

Incluso si es la primera vez que se aloja en un establecimiento, llamar antes de hacer la reserva puede ahorrarle dinero. Esto funciona especialmente bien si te alojas en un hotel independiente o en una cadena más pequeña: comprueba cuál es la mejor tarifa que puedes encontrar en Internet y luego llama al hotel para ver si pueden ofrecerte algo mejor. Suelen estar encantados de aceptar una reserva directa y prescindir de la comisión de terceros.

Tiro largo

Si puedes quedarte unos días más, estarás en una posición mucho mejor para conseguir una oferta cuando llames al hotel para pedir una tarifa. La rotación de habitaciones conlleva gastos y riesgos, por lo que los hoteles prefieren tener la certeza de una estancia más larga. Cualquier estancia superior a una semana merece una llamada al departamento de ventas. Llama a varios hoteles de barrios similares y con la misma categoría de estrellas y compártelos.

Eres tan especial

Aunque siempre merece la pena mencionar una ocasión especial en el momento del check-in, también conviene avisar con antelación de los aniversarios y cumpleaños. Comuníqueselo al establecimiento al hacer la reserva y algunos le ofrecerán una mejora de categoría gratuita o incluso champán y bombones o una oferta en tratamientos de spa.

Atrévete

. . .

Esto no es seguro, pero en hoteles de gran volumen y muy orientados a los servicios, como Las Vegas, abundan las historias en las que se le da al recepcionista un billete de 20 dólares y se obtiene un ascenso de categoría.

Cuanto más grande sea el hotel, más probabilidades hay de que esto funcione. Tendrás que ser descarado con el soborno, pero si no tienen nada, no pierdes nada.

Exponte

Hay algunos sitios web (por ejemplo, www.ignite.com) que pueden ofrecerte descuentos a cambio de que reseñes el hotel en las redes sociales. Estas páginas tienen normas específicas, así que infórmate antes de apostar por ellas.

Entorno del albergue

En lugar de buscar un hotel barato, piensa en buscar habitaciones privadas en albergues. Muchos de los más modernos son tan agradables como las habitaciones de un hotel barato y los buenos ofrecen desayuno y WiFi gratis.

. . .

También puedes utilizar la cocina común para hacerte tu propia comida.

Huesos secos

Si te has quedado sin toallas limpias fuera del horario de limpieza, siempre puedes correr a la piscina del hotel y coger un par de ellas, o incluso del gimnasio del hotel, aunque puede que sólo sean del tamaño de una toalla de mano.

Decisión rápida

Si vas a dejar las maletas al personal del vestíbulo después de hacer el check-out y te vas a marchar, haz una foto de los tickets que te den, por si los pierdes.

Fiebre catarral

Esto es especialmente útil para viajar a países que utilizan un alfabeto diferente al inglés (por ejemplo, Japón), pero tiene sentido estés donde estés. Si vas a salir del hotel y coger un taxi, coge algo de la habitación (una tarjeta de visita, un sobre de la papelería, cualquier cosa impresa). Así, cuando vuelvas a casa después de unas copas, podrás enseñársela al taxista.

Pide y recibirás

En realidad no lo anuncian, pero la mayoría de las grandes cadenas hoteleras te darán artículos de viaje básicos gratis si lo pides en recepción. Pueden ser desde estuches de costura y cuellos de camisa hasta artículos de aseo alternativos, aptos para alérgicos, rodillos quitapelusas y productos sanitarios. Los hoteles también prestan casi siempre todo tipo de artículos, desde esterillas de yoga a luces nocturnas adicionales o cables alargadores.

Exprime un poco de zumo

Si has olvidado el enchufe y tienes un dispositivo que se carga por USB, suele haber una ranura en la parte trasera o lateral del televisor de la habitación, así que conéctalo a ella.

Suplemento

Otra buena táctica si te has olvidado el cargador del móvil o del portátil es pedir en recepción que comprueben los objetos perdidos para ver si tienen uno compatible. Si lleva allí un tiempo y no lo han reclamado, es probable que el hotel no tenga problema en que se lo quites de las manos.

Emplatar

Dato poco conocido: incluso en las habitaciones de hotel sin frigorífico (especialmente útil en estas situaciones), puedes pedir que te lleven la cubertería y la vajilla a la habitación para tener al menos opciones de alimentarte, tal vez trayendo comidas preparadas de tiendas de comestibles y comiéndolas en tu habitación, para ahorrarte los gastos de restaurante/servicio de habitaciones. Si viajas en coche, también puedes llevar una nevera y un hornillo.

Esperanza en un jabón

Si llevas unos días alojado en un hotel, es probable que tengas una bolsa para la ropa sucia en la maleta y media pastilla de jabón en el cuarto de baño. Echa la pastilla de jabón del hotel en la bolsa de la ropa sucia para que no huela tan mal de camino a casa o en tus viajes posteriores.

Tocar la fibra sensible

. . .

Es fácil olvidarse el cable para el portátil, el teléfono, etc., pero no te apresures a comprar uno nuevo antes de comprobar en la recepción del hotel si tienen uno. Los hoteles más grandes, sobre todo, suelen tener un montón de los que se han quedado olvidados, y si deberían prestártelo para tu estancia o simplemente dártelo para liberar espacio de almacenamiento.

Movimiento clave

Pide siempre dos llaves al registrarte. Puede que te dejes una en la habitación y esas bandas magnéticas no son muy fiables, y tener una de repuesto te ahorrará tener que volver a la recepción.

Blanquear dinero

Si vas a quedarte más tiempo, no gastes dinero en los caros servicios de lavandería de los hoteles. Lleva jabón líquido para lavarse las manos y utiliza toalleros calefactados para secar la ropa.

Resolver dudas

. . .

Si te alojas en un establecimiento que consideras inseguro y no hay caja fuerte en la habitación, deja el cartel de No molestar en la puerta para que nadie sepa si estás dentro o no. Te tiene que parecer bien que ese día no te atiendan en la habitación, claro. La extensión de esta teoría es que no deberías usar el cartel de No molestar si estás preocupado: muestra el hecho de que no estás en tu habitación.

Hackear en caliente (o en frío)

Muchas grandes cadenas hoteleras sólo permiten regular el termostato de la habitación dentro de ciertos límites. Si lo quieres más caliente o más frío que eso, vale la pena probar este viejo truco de la tripulación del aire para anular los controles: Mantén pulsado el botón "display" del termostato.

Mientras mantienes pulsado ese botón, pulsa "off". Suelta "off", sigue manteniendo pulsado "display" y pulsa el botón de flecha "up". Suelte todos los botones. Esto debería desactivar los parámetros y los sensores de movimiento. Para actualizaciones, busca en Google tu cadena hotelera y "anular termostato".

Es el telón para ti

. . .

¿Hay algún hueco molesto en las cortinas que deja pasar la luz del día? Utiliza uno de los colgadores de pantalones del armario para cerrarla con un alfiler (debería funcionar como un clip de encuadernación).

Agua, agua en ninguna parte

Si no te queda agua embotellada gratis en tu habitación, simplemente ve y finge que vas a la sala de ejercicios de tu hotel (o hazlo de verdad). Allí suele haber una pila de agua gratis, así que sírvete subrepticiamente.

Escenas tórridas

La mayoría de las duchas de hotel se calientan mucho y pueden producir una gran cantidad de vapor en poco tiempo. Si su traje o sus camisas se han quedado por el camino, cuélguelos en el cuarto de baño y ponga la ducha en caliente con la puerta cerrada durante unos 10 minutos. Así se ahorrará los servicios de planchado del hotel y perder tiempo planchando.

Súbelo

. . .

Si tienes un teléfono o un iPod en la base de la habitación, puedes utilizar las tazas de café o los vasos como amplificadores improvisados. Incluso puedes meter el teléfono en un vaso para que suene más fuerte.

Sigue brillando

Sí, la mayoría de los hoteles ofrecen un servicio gratuito de limpiabotas, pero ¿para qué esperar toda la noche si puedes lustrar tus zapatos con la loción corporal del baño, utilizando un pañuelo de papel como práctico tampón?

Leg it

¿Has olvidado tu caro exfoliante? Aquí tienes una solución barata y fácil para conseguir unas piernas suaves (o suaves en cualquier sitio, en realidad). Coge los sobres de azúcar de la cafetería, mézclalos con un poco de acondicionador del baño y frota hasta que te queden suaves como la seda.

Trabajo ligero

Las luces de los baños de las habitaciones de hotel suelen ser más brillantes y las de los dormitorios más tenues. Si necesitas más luz en tu habitación para leer o trabajar, intenta cambiar las bombillas si es posible.

Sabiduría en maceta

Si quieres comer con poco dinero, puedes utilizar la cafetera para preparar algo más que tu café matutino.

Los fideos instantáneos, el arroz, los huevos pasados por agua y los copos de avena son alimentos básicos para cocinar en la cafetera, pero puedes buscar en Internet platos aún más ambiciosos.

Hierro en la dieta

Haz que ese sándwich económico sea algo más apetecible. Coge el pan y el queso que hayas comprado, prepara un sándwich y calienta la plancha. Envuelve el sándwich en papel de aluminio, presiona con la plancha y ¡listo, un Panini recién hecho!

Un puesto en el consejo

. . .

Tu plancha, y en concreto la tabla de planchar que incluye, tiene otra función estupenda si comes en tu habitación con niños. Siéntalos en el extremo de la cama frente al televisor, coloca la tabla de planchar frente a ellos y tendrás una mesa de comedor en condiciones.

Estar en ese número

A mucha gente no le gusta escribir el número de su habitación de hotel en la tarjeta-llave por si la pierde.

Es más seguro hacer una foto del número de habitación y llevar las llaves sueltas o en la cartera o el bolso.

Bolsas de bolsas

Si necesitas envolver algo en caso de emergencia -desde comida hasta ropa sucia-, en las habitaciones de hotel hay muchas bolsas gratis. La envoltura de plástico de la cubitera es una, y la desechable para la ropa sucia del armario es otra.

Sellado

. . .

Si por debajo de la puerta de tu habitación de hotel entra mucho ruido y mucha luz, coge una toalla y métela debajo. Bloqueará ambas cosas con bastante eficacia.

Deja de molestarnos

Es un hecho desafortunado que en algunas habitaciones de hotel haya chinches. Recogerlas es muy desagradable, pero puedes minimizar el riesgo de transportarlas a tu casa. No pongas el equipaje en el suelo: utiliza los portaequipajes e incluso la bañera si eres muy paranoico.

Si puedes ver indicios de chinches, por supuesto no debes estar en la habitación y puedes pedir otra inmediatamente (es probable que te ofrezcan una mejora para comprar tu silencio). Si viajas mucho, puede valer la pena comprar en Internet bolsas con cremallera del tamaño de un maletín.

Sólo tienes que ser consciente y estar atento.

Jugar al bufé

El precio de la habitación incluye un desayuno bufé

gratuito, ¡viva! Por supuesto, lo lógico es comer tarde e intentar saciarse hasta la hora de cenar para ahorrar dinero.

Sin embargo, suele haber una gran selección de tentempiés gratuitos (fruta, barritas de cereales, etc.), así que llévate una bolsa y compra discretamente algunos para consumir más tarde. Puede que los huevos revueltos no funcionen tan bien, pero qué tal esto para un lujo sigiloso: utiliza la bandejita en la que se asientan las tazas de café de la habitación para coger comida del bufé y llevarte un festín a la habitación.

Rango de humedad

Si su habitación está demasiado seca, coloque una toalla húmeda sobre una tabla de planchar y póngala cerca del aparato de aire acondicionado como humidificador improvisado.

Gorra en mano

La mayoría de las habitaciones vienen con un gorro de ducha de plástico gratis. Si no lo necesitas, o después de usarlo, colócalo sobre pares de zapatos para separarlos de la ropa en el equipaje.

Listo, dispuesto y por cable

Si tienes la precaución de meter en la maleta un cable HDMI, podrás ver la cuenta de Netflix/Hulu Plus/HBO Go que tienes en tu portátil en el gran televisor del hotel.

Mantente en contacto

Si viajas a menudo a un hotel y tu experiencia es mediocre, no está de más que envíes un correo electrónico al Director General para expresar tu decepción. Los hoteles suelen estar dispuestos a ofrecer mejoras o extras a los huéspedes que vuelven para mantener su costumbre.

Aparcamiento de larga estancia

Si va a hacer un viaje largo, de un mes más o menos, y tiene que conducir hasta el aeropuerto, puede que le merezca la pena alojarse la noche anterior en un hotel de aeropuerto.

Casi todos ellos ofrecen aparcamiento gratuito a los huéspedes que vuelan desde el aeropuerto y puede resultar más barato que el propio aparcamiento del aeropuerto.

Deseos atrasados

No hay una ciencia exacta para pedir una salida tardía.

Dependerá totalmente de lo ocupado que esté el hotel ese día, pero suelen ser complacientes si lo pides educadamente.

La noche anterior a la salida siempre es un buen momento para pedirlo: por la noche sabrán si hay que desalojar la habitación a tiempo al día siguiente (lo que elimina la incertidumbre) y no habrá mucha gente pidiendo cosas. La mañana de la salida no es un buen momento para hacerlo.

El personal de recepción estará estresado atendiendo a los demás huéspedes y no siempre tiene tiempo para ver qué se puede hacer. Haz una llamada educada o acércate al mostrador la noche anterior y normalmente harán lo que puedan. Una vez más, ser miembro de su programa de fidelización no está de más.

Ventaja local

Esta es una medida especialmente audaz. Si te alojas en un buen hotel de tu ciudad, guarda las llaves de tu habitación.

No te recomendamos que lo hagas muy a menudo, pero puedes utilizarlas para colarte en la piscina (o en el gimnasio) del hotel: sólo tienes que esperar junto a la verja o la puerta y alegar que tus llaves no funcionan mientras alguien pasa (blandiéndolas, obviamente). Seguro que te dejan pasar. Si tienes aún más valor/menos vergüenza, puedes incluso intentar conseguir un asiento en el servicio de desayunos. No obstante, conviene conocer bien el funcionamiento del restaurante, ya que ser llamado en público puede resultar embarazoso, incluso para el hacker de hotel más empedernido.

6

Cruceros

Una vida sobre las olas del océano: para algunos, lo más libre y placentero que hacen en la vida; para otros, una prisión flotante. Sea cual sea tu punto de vista, una vez que estás en el barco, estás en el barco, por lo que merece la pena estar lo más preparado posible para los próximos días o cuatro semanas. Los gastos imprevistos pueden acumularse, y los camarotes pueden resultar cada día menos cómodos a menos que se sepa lo que se hace: llévese estos consejos a alta mar y, al menos, podrá sacar lo mejor de sí mismo.

Control de crucero

Es una obviedad, pero si dispone de tiempo, reserve cruceros fuera de temporada alta.

• • •

Esto no sólo te ayudará a conseguir los mejores precios, sino que, al evitar épocas como las vacaciones de primavera y otros periodos de gran afluencia, es menos probable que te encuentres con compañeros de viaje alborotadores que perturbarán tu tiempo de relax.

Puntos de adherencia

Las cabañas suelen ser bastante parcas en espacio para colgar la ropa y los accesorios. Sin embargo, la mayoría de las cabañas son de metal o, al menos, tienen paredes metálicas. Basta con que compres unos ganchos magnéticos resistentes en una ferretería antes de irte y los utilices para crear espacio extra para colgar.

Un gran cajón

La mayoría de nosotros hacemos demasiadas maletas, y como el espacio de los cajones a bordo es limitado, es fácil que necesites más espacio. Una forma de solucionarlo es deslizar una de las maletas debajo de la cama, pero mantenerla abierta, lo que resulta perfecto para los artículos que se utilizan con poca frecuencia o la ropa sucia.

Seco, seco otra vez

. . .

El espacio para colgar la ropa es escaso, y muchos barcos no permiten dejar prendas en los balcones para que se sequen. Una opción es meter en la maleta una selección de globos que, una vez inflados, pueden utilizarse como tendederos individuales para la ropa o las toallas.

Blues de mal humor

Estás en una romántica escapada por mar, pero las opciones de iluminación en el camarote son o bien encendida o bien oscuridad total. Evidentemente, las velas están descartadas, pero lleva unas velas de té a pilas para conseguir un camarote más acogedor y atmosférico.

Partes íntimas

El espacio vital de una cabaña no es el más versátil, e incluso los compañeros de camarote más íntimos necesitan a veces un poco de intimidad, sobre todo si tienen horarios de sueño diferentes. Los ganchos magnéticos para el techo y una cortina de ducha son ideales para crear un espacio de estar separado, o poner una mampara entre dos camas gemelas.

· · ·

Gratuito

Son habituales las fuentes de alimentación de bajo consumo, que sólo funcionan cuando introduces la llave del camarote en la ranura. No dejes las luces encendidas cuando no estés, pero utiliza otra tarjeta con forma de tarjeta de crédito para dejar corriente en la habitación si tienes que salir pero quieres cargar una cámara o un portátil.

Inalámbrico incansable

El mejor momento para usar el WiFi del barco es mientras estás en puerto. Los barcos suelen conectarse a un servicio de Internet terrestre en lugar del satélite que utilizan en alta mar. Si estás desembarcando y quieres consultar el correo electrónico, *etc. Si desembarcas y quieres consultar el correo electrónico, etc.,* pregunta a la tripulación dónde están los mejores puntos WiFi gratuitos, ya que los utilizan a menudo. O simplemente busca las tiendas o cafeterías a las que acude la tripulación.

Cobro en efectivo

Los cruceros disponen de cajeros automáticos, pero a

menudo cobran una comisión considerable. Hay una forma fácil de evitarlo: vaya al casino del barco e introduzca su tarjeta de débito o crédito en cualquier cajero.

Cargue créditos por el importe que desee retirar y, a continuación, simplemente cobre y lleve el billete al cajero. Se hará el cargo en tu cuenta, pero no te cobrarán comisión.

Calzador

Otra forma de aprovechar al máximo el espacio del camarote es meter en la maleta un zapatero colgante. No ocupará mucho espacio en tu equipaje y, al colgarlo sobre la puerta, crea un gran espacio de almacenamiento.

Cierra la cremallera

Las bolsas Ziploc son sencillas pero casi imprescindibles para los cruceros, dada la cantidad de agua (piscinas a bordo, aguaceros tropicales, el propio océano) a la que estarás expuesto. Mantén los aparatos electrónicos secos y seguros por muy poco dinero.

Primera fila

Los cruceros suelen tener "conferencias de compras", que son argumentos de venta apenas velados, pero suelen regalar cosas (camisetas, etc.), así que siéntate delante, ya que esos oradores no suelen tener los mejores brazos para lanzar.

Abajo la enfermedad

Si sabe que es propenso a marearse, puede reservar una habitación estratégica. La mejor es la del centro del barco, y los camarotes más bajos son los que menos se tambalean. Si se siente mareado y no está en estas habitaciones, intente llegar a la parte más central del barco si siente que se acerca el malestar. Un lugar que puede parecer contraintuitivo es la piscina del barco, pero en realidad es un lugar sensato: el agua le ayudará a refrescarse y usted se moverá con el agua, no contra ella, lo que debería calmar su mareo inducido por el oído interno.

Hacer una comida

Por alguna razón, la mayoría de la gente tiende a cenar en el comedor principal la primera noche. Por eso es el momento perfecto para ir a los restaurantes más especializados, que tendrán sitio para ti y posiblemente también ofrezcan descuentos para atraer a la gente.

Sin alarmas ni sorpresas

Si su barco ofrece servicio de habitaciones gratuito, o incluso si sólo se trata de un cargo nominal, considere la posibilidad de que su despertador sea la entrega del desayuno en lugar de duras alarmas. Llamar a la puerta y tomar inmediatamente café y comida es un comienzo de día mucho más agradable que tener que ir corriendo a la sala de desayunos.

Regla de los 29 segundos

Varias compañías de cruceros sólo cobran por el uso de Internet a los 30 segundos. Si te limitas a descargar el correo electrónico, puedes desconectarte antes de los 29 segundos, redactar tus respuestas y volver a enviarlas con otra conexión de menos de 30 segundos, sin que te cobren nada.

Cuando llueve, es tuyo

Si quieres una experiencia menos concurrida en la piscina o el jacuzzi, vete allí cuando llueva. En cualquier caso, te mojarás y, a menos que haya tormenta, estarás a salvo y todas las instalaciones seguirán abiertas.

. . .

Acto en vidrio

La mayoría de los comedores cobran un descorche por abrir la botella en la mesa, pero el primer día pide que te lleven unas copas de vino a la habitación y luego sírvete una copa para llevar a la cena y no tendrás que pagar ni un céntimo.

El tesoro del contrabandista

No es fácil introducir alcohol de contrabando en un barco, y las compañías de cruceros hacen todo lo posible para impedirlo. Si estás decidido, echa un vistazo a la selección de kits de petacas para cruceros disponibles en Internet. No son metálicas y están diseñadas para eliminar las burbujas de aire, por lo que son prácticamente indetectables. Pero no lo has oído aquí, ¿vale?

Brinda con los más

Si ve algún evento a bordo anunciado como "Brindis del capitán" o "Recepción del capitán", es más que probable que haya copas de vino espumoso o cócteles de cortesía.

. . .

Encuentre el lugar perfecto y los camareros pasarán a su lado mientras usted coge una copa de sus abarrotadas bandejas.

7

Parques Temáticos

Cuando la familia pasa un día en un parque de atracciones, hay muchas expectativas de pasarlo bien. A esto hay que añadir un gasto considerable, por lo que merece la pena estar completamente preparado. El principal reto son las multitudes, por supuesto, así que cualquier cosa que pueda hacer para aumentar un poco las probabilidades a su favor merecerá la pena. He aquí algunos consejos para que su visita sea un paseo por el parque.

Entradas, por favor

A menos que se trate de un viaje espontáneo, conviene comprar las entradas por Internet con la mayor antelación posible.

. . .

Si lo haces así, tendrás más posibilidades de encontrar códigos de descuento (busca también en Google "[nombre del parque temático]" y "códigos de descuento" para encontrar enlaces). Además, así ahorrarás tiempo en la taquilla.

Horas de juego premium

Esto debería ser obvio, pero, si puede: vaya entre semana en lugar de los fines de semana, y evite las vacaciones escolares si es posible.

Toma fotos antes de aparcar

Aparcar en un parque temático puede resultar confuso si no hay puntos de referencia obvios, así que haz una foto de tu plaza de aparcamiento con el móvil antes de salir a divertirte: podría ayudarte a ahorrar tiempo más tarde.

Madrugador es la palabra

Puede que no le guste empezar temprano, pero recuerde esto: al menos en los parques temáticos más grandes, por cada minuto que el parque esté abierto, el tiempo que pasará en la cola aumentará aproximadamente dos minutos.

Copia de seguridad

Un método probado que funciona bien, sobre todo si se va temprano por la mañana, es dirigirse directamente al extremo más alejado del parque temático y regresar hacia la entrada. No sólo habrá menos gente al menos durante la primera mitad del día, sino que, cuando hayas terminado, estarás mucho más cerca del aparcamiento o del transporte público.

Señalización de seguridad

Si vas a un parque de atracciones con niños, escribe tu número de móvil con bolígrafo en sus brazos o muñecas, por si os separáis. A los niños mayores les vendrá bien que hables de un punto de encuentro al que dirigirse en caso de que el grupo se separe.

Raciones individuales

Si va a visitar la atracción solo, o incluso si no lo va a hacer y no le importa no sentarse junto a su grupo, busque o pregunte por las colas para personas que viajan solas en las atracciones grandes. No siempre están bien señalizadas o anunciadas, pero podrá pasar el rato con su grupo en la cola y reducirá sustancialmente los tiempos de espera.

Protector contra salpicaduras

Lleva bolsas de plástico con cierre para proteger tu teléfono si tienes pensado subirte a alguna atracción acuática.

Que siga siendo el lugar más feliz de la Tierra

No es un truco, pero conviene tenerlo en cuenta: la principal causa de visitas a la tienda de primeros auxilios de cualquier parque temático es, con diferencia, la insolación y la deshidratación. Bebe agua (rellena botellas en las fuentes públicas siempre que puedas), permanece a la sombra todo lo posible y tómate algún que otro descanso.

Patio de armas

Si se encuentra allí en un día ajetreado, una forma de pasar menos tiempo en la cola de las atracciones más grandes es dirigirse a ellas cuando sepa que hay programados desfiles o espectáculos pirotécnicos, ya que la mayoría de la gente suspenderá sus itinerarios para verlos.

. . .

Vuelve pronto

Si el día se le hace corto por algún motivo y cree que va a volver, le recomendamos que pregunte en taquilla si puede cambiar su entrada de una sola visita por una entrada multivisita. La mayoría de los parques le permitirán aplicar el coste de la entrada de ese día a la nueva.

8

Playas

A MENOS QUE te alojes en una cabaña de lujo en las Maldivas, ir a la playa durante las vacaciones (sobre todo si llevas niños) puede ser más estresante que relajante. La seguridad, la higiene y la protección son asuntos que preocupan, y uno quiere estar tomando el sol o leyendo una novela de mala calidad, no limpiando la arena del móvil cada cinco minutos. Ponga en práctica algunos de estos trucos playeros fáciles de aplicar y verá cómo su estancia en la costa se convierte en una gran ola de placer.

La arena te pone los puntos sobre las íes

Mete tu smartphone en una bolsa para sándwiches. Esto mantendrá los molestos granos de arena fuera de él y la pantalla táctil seguirá funcionando bien a través del plástico.

. . .

Ponte en forma

Coge una sábana bajera vieja, extiéndela y coloca tu nevera, mochila, etc. en cada esquina para hacer unos protectores de arena muy prácticos.

Sepa dónde (y cómo) está su toalla

Puedes comprar en Internet anclajes para toallas que puedes clavar en la arena para mantener la toalla en su sitio.

Otro accesorio ideal para descansar es una manta impermeable.

Embotéllalo

Un viejo truco: lava un viejo bote de loción (o similar) y utilízalo como señuelo impermeable para guardar objetos de valor. También es bueno: un pañal limpio con la palabra "SUCIO" escrita en él. No, en serio.

Combatir la arena con pólvora

. . .

A nadie le gusta esa extraña sensación de tener arena húmeda pegada, así que utiliza polvos de talco para bebés para secar la piel y que la arena se desprenda al cepillarla.

¡Hielo!

Quemaduras solares. Si sabes que eres propenso a sufrirlas, preparar unos cubitos de aloe vera te vendrá como anillo al dedo.

Ropa de playa

Si eres un asiduo de la playa, puedes sacar el máximo partido a tus tumbonas y sombrillas rociándolas con Scotch Guard.

Dedos pegajosos

Compra un montón de fundas/soportes de papel para magdalenas y utilízalos en los palos de las piruletas/paletas para que los jugos no se peguen a las manos ni a los dedos.

. . .

Fort-itude

Una forma de mantener a los niños ocupados durante un rato y protegerlos del sol es hacer que construyan su propio fuerte de playa. Coloca dos sillas de playa una detrás de otra y pídeles que coloquen toallas, pareos, *etc.* sobre ellas. Y listo, ya tienen su rincón secreto a la sombra para leer o echarse la siesta.

Hielo y barato

No desembolses mucho dinero en nuevas bolsas de hielo para meter en tu nevera. Compra, llena y congela globos de agua y apílalos para enfriar la comida y la bebida. Puedes usarlos para una guerra de agua al final del día.

Cuna en el acto

No lleves cochecitos a la playa. Si tu pequeño necesita echarse una siesta, cava un agujero del tamaño de un bebé en la arena, extiende una toalla sobre él y esconde el material para que se eche una buena siesta.

. . .

Ingresos

Los viejos frascos de plástico de medicamentos o pastillas son estupendos portamonedas.
Incluso se pueden hacer soportes más pequeños con envases de lápiz de labios usados.

Seguir flotando

Si llevas las llaves siempre encima y no quieres dejarlas mientras remas, utiliza un alambre para sujetarlas a un corcho, de ese modo flotarán aunque se te caigan.

Marcado

Compra transferencias de seguridad impermeables en las que puedas escribir o simplemente utiliza un rotulador resistente al agua para escribir tu número de móvil en los brazos de tus hijos, sobre todo si son propensos a despistarse.

Fiesta en la piscina

. . .

Si las mareas son fuertes o las olas un poco bravas, puedes hacer tu propia piscina de playa para los niños lejos de la marea. Cava un agujero y coloca sobre él un forro de plástico barato para cortinas de ducha, entierra los bordes en la arena y luego llénalo de agua de mar.

9

Esquí

POR MUY PINTORESCAS que parezcan las pistas, conviene recordar que, incluso en la estación de esquí más lujosa, te encuentras en un entorno frío y húmedo, y cualquier cosa que puedas hacer para combatirlo hará que tu estancia allí sea más agradable. Al igual que en los parques temáticos, también hay mucha actividad de grupo al mismo tiempo, por lo que tomar el camino (o la pista) menos transitado puede dar sus frutos. Esto es lo que hay que hacer para que tus vacaciones de esquí no vayan cuesta abajo.

El buen libro

Hay dos buenos momentos para reservar unas vacaciones de esquí: muy pronto o en el último momento.

. . .

Dado que la temporada está predeterminada, es fácil de calcular y, si se tiene el valor y la flexibilidad necesarios, reservar en el último momento permite al menos hacerse una idea de las condiciones de la nieve.

Costes de inclinación

En las vacaciones de esquí, suelen ser los extras los que hacen que los gastos se disparen una vez allí. Haz que algunos de esos gastos sean más predecibles alojándote en un chalet (al menos te pagarán la pensión) o en un complejo con todo incluido. El desembolso inicial es mayor, pero al menos se minimiza la espontaneidad.

Pico picnic

Los restaurantes de montaña te tienen en un aprieto cuando empiezan las ganas de comer, así que prepárate un bocadillo o una ensalada y busca zonas de picnic en las pistas (muchas estaciones disponen de ellas y son cálidas y secas). Los tentempiés deben ser frutos secos; cualquier otra cosa puede provocar una inoportuna explosión de líquidos. Si TIENES que ir a un restaurante de montaña, aprovecha la oportunidad de comer temprano o tarde para que la espera sea más corta y las pistas estén más vacías cuando salgas.

· · ·

Robo prohibido

Si quieres proteger tus flamantes esquís para que no te los roben mientras almuerzas, una táctica es dividirlos. Pon uno en el perchero y otro en la nieve, cerca de la entrada. Así disuadirás a los posibles ladrones.

AlpI-mismo

Los destinos menos conocidos ofrecen experiencias comparables sin las multitudes y los precios inflados. En Europa, por ejemplo, aléjate de las famosas estaciones alpinas y dirígete a las de Europa del Este (Bulgaria, por ejemplo) o el norte de España (Andorra).

Pásalo

Otra forma de ahorrar dinero es buscar paquetes que incluyan un forfait en el precio, evitando así las perjudiciales fluctuaciones del tipo de cambio.

Envasar una bola de nieve

· · ·

El equipaje para unas vacaciones de esquí incluye muchos objetos voluminosos, así que todo ayuda. Mete los calcetines, el gorro y la ropa térmica en las botas de esquí y guarda las gafas y el transmisor-receptor en el casco. También es buena idea guardar la ropa de esquí alrededor de los esquís y los bastones en la bolsa de esquí. Esto no sólo protege los esquís y el equipo, sino que también ayuda a distribuir el peso entre las distintas piezas de equipaje.

Con botas y traje

Lo más probable es que tus botas de esquí estén bastante aromáticas al final de un día en las pistas. Las bolsitas de té colocadas en su interior ayudan a absorber lo peor del olor, y no olvides sacar los forros para airearlos durante la noche (en el balcón si huelen mucho).

Caja de gafas inteligente

Si el gorro o el casco están mojados, no te pongas las gafas encima: se empañarán enseguida. Si lo haces por accidente, una buena forma de limpiarlas con la misma rapidez es correr al restaurante más cercano y secarlas con el secador de manos.

. . .

Bandana a la fuga

El equivalente en las pistas de esquí a llevar siempre encima una toalla es tener siempre a mano un pañuelo (o un cuadrado de material similar), perfecto para protegerse del sol o añadir una capa para desviar el frío.

Manoplas idiotas

Puede parecer una medida regresiva que recuerda a estar de nuevo en el patio del colegio, pero merece la pena comprar guantes con trabillas en las muñecas para no perderlos. Eso sí, ten cuidado cuando vayas al baño: unos guantes mojados y malolientes no le sientan bien a nadie...

Camino de la nieve

Toma un camino ligeramente diferente si buscas la mejor nieve de pista, que casi siempre se encuentra en los laterales de las pistas. La mayoría de la gente se queda en el centro, barriendo la nieve blanda hacia los bordes, por lo que es una buena presa.

Baile en línea

· · ·

Si hay mucha cola para coger los ascensores, casi siempre es más rápido coger los exteriores que los centrales/interiores.

Básicamente, elige el menos conveniente, ya que la mayoría de la gente es perezosa y se limitará a esperar a algo que está delante de ellos en lugar de moverse por la eficiencia.

10

Acampada

Ah, la naturaleza. ¿Ha habido alguna vez un entorno más seductor que esté también tan plagado de peligros e inconvenientes ocultos? Los bichos quieren darse un festín con tu sangre y hay una notable ausencia de enchufes. Aquí tienes algunos trucos que te ayudarán a experimentar la vida al aire libre con sorprendentes niveles de comodidad sin dejar de sentirte como un pionero aventurero.

Estrella Mozzy

Hay algunas formas de ahuyentar a los mosquitos que no implican comprar y rociar montones de productos químicos.

Una es añadir manojos de salvia a tu hoguera. Otra es usar

Johnson 's Baby Creamy Oil sobre ti (o cualquier aloe y vitamina e).

Para repeler a las hormigas, espolvorea un poco de sémola por todo tu espacio vital. Si te pican, aplica un desodorante sólido para combatir el picor.

Bolsa

Puede que tu mochila parezca impermeable, pero no supone ningún peso extra ni ninguna molestia forrarla con una bolsa de basura de plástico para añadir una capa adicional de protección.

Espuma en el campo de tiro

Compra algunas baldosas de espuma entrelazables y utilízalas para forrar el suelo de tu tienda. No solo te protegerán de palos y piedras afiladas bajo el suelo de la tienda, sino que también te aislarán del suelo helado.

Trabajo ligero

Puedes hacer linternas instantáneas con pequeñas lámparas (por ejemplo, faros) atándolas a jarras de plástico con agua.

Otra táctica es untar pintura luminosa en el interior de un tarro de cristal, o meter una vela votiva a pilas en un tarro de mantequilla de cacahuete vacío y limpio.

Grandes cintas

Nunca sabes cuándo vas a necesitar cinta aislante, así que tenla siempre a mano envolviendo trozos de cinta alrededor de tu botella de agua, ya que es mucho más probable que te acuerdes de ella si te vas de excursión.

Atajo de papel

Coge un bote de café de plástico y hazle un corte vertical. Ya tienes un soporte impermeable para el papel higiénico. También puedes utilizar un eje de CD viejo.

Vínculo Eggy

No viajes con huevos con cáscara. Rompe la cantidad que creas necesaria en una botella de plástico y viaja con ellos así. Cuando llegues, batirlos es tan fácil como agitar la botella.

Santos calcetines

Guarda siempre un par de calcetines en el saco de dormir, SOLO para dormir. Tus pies secos y cómodos te querrán siempre.

Compañero único

En cuanto al tema de los pies secos, prepárate e impermeabiliza todo el calzado que lleves contigo antes de salir. El compuesto de cera de abejas es una cosa útil para comprar de todos modos, o hay cualquier número de preparaciones en su tienda de camping local.

Estación de cocina natural

Cuelga tus ollas y sartenes atando un cinturón alrededor de un árbol y fijando ganchos. Fácil de secar y de guardar.

Usa tu fideo

• • •

Hay muchos postes metálicos con los que puedes golpearte la cabeza cuando acampas, por ejemplo, en un vehículo utilitario. Compra unos fideos de espuma baratos, córtalos a lo largo y colócalos alrededor de los puntales del toldo a la altura de la cabeza para amortiguar el golpe.

Muffin

Este es un truco bastante nicho, pero llévate un molde para magdalenas para usarlo como servidor de condimentos en las barbacoas.

Engranaje de hojalata

Preparar tus comidas favoritas no siempre es cómodo en el bosque. Sin embargo, puedes preparar, por ejemplo, macarrones con queso en casa, poner porciones individuales en moldes para tartas que puedes cubrir con papel de aluminio y luego calentarlos en el fuego cuando llegues allí.

Lavado divertido

• • •

Coge un cubo grande con tapa hermética. Haz un agujero en la tapa lo suficientemente grande como para introducir el mango de un desatascador de fregadero. Llena el cubo con agua y detergente, vuelve a taparlo y desatasca para crear una lavadora improvisada.

Enciende tu fuego

Si te falta leña, las tortillas de maíz, como los Doritos, son un buen sustituto. Si los preparas con antelación, los bastoncillos de algodón mojados en cera también son excelentes iniciadores del fuego, o recoge la pelusa de la secadora de tu casa y úsala (es muy inflamable, así que ten cuidado). ¿Otra cosa sorprendente que funciona? El desinfectante de manos.

DriPhone

Si viajas en coche hasta el lugar de acampada, lleva una bolsa de arroz que puedas utilizar como pabellón de aislamiento de emergencia (¿aislamiento seco?) en caso de que se te caiga algún aparato electrónico portátil a un río o lago. Si no lo necesitas, puedes comerte el arroz la última noche.

Muñeca Barbie

. . .

El fuego y los niveles de calor pueden ser un poco más difíciles de controlar en la naturaleza que en la parrilla de tu jardín. Una forma de evitar que la carne se queme es envolverla en col antes de echarla a la barbacoa: mantiene la humedad y es menos probable que salga con sabor a carbón.

Habla con tu verdad

Si quieres un sistema de altavoces para tu móvil que sea prácticamente gratis y no descargue la batería, haz lo siguiente: Haz un corte en un toallero de papel vacío y coloca el teléfono con el altavoz hacia abajo. Haz agujeros en dos vasos de plástico e introduce un extremo del tubo en cada uno. Así lo mantendrás fijo y amplificarás el sonido.

Trabajos sobre hielo

No compres bolsas de hielo para la nevera: duplica su utilidad congelando jarras de agua de un galón que puedan guardarse allí para mantener las cosas frías y luego beberse cuando se licúen lentamente.

Encerar, subir la cremallera

. . .

Mantén las cremalleras de tu tienda (y de cualquier otra) en perfecto estado aplicando una pequeña cantidad de cera de vela a lo largo de ellas.

Feliz viaje

Compra cinta adhesiva biodegradable para senderos en tu tienda de camping más cercana y úsala para marcar el camino si sales a explorar. Desaparecerá de forma natural con el tiempo sin dañar el medio ambiente y no te darás la vuelta por el bosque.

Guarda las cáscaras

No tires las cáscaras de naranja. Puedes usarlas para dos cosas y las dos son estupendas. En primer lugar, puedes coger una mitad, vaciarla por la mitad pero asegúrate de dejar el tallo central. A continuación, rellénala con cualquier tipo de aceite -vegetal, canola, oliva, etc.- hasta justo debajo de la parte superior de la mecha. Enciéndala y disfrute de la luz y el aroma. También puedes utilizar las medias cáscaras completas como moldes para... bueno, para cualquier cosa, pero para hacer tartas de camping es uno de los usos que se me ocurren.

11

Consejos Generales

Algunos trucos no encajan en ninguna de las categorías anteriores, así que los hemos agrupado aquí. Echa un vistazo: puede que encuentres alguno que se adapte a tu situación de viaje o que quieras tener en el bolsillo la próxima vez que planees un viaje.

Perro desaparecido

Si te pierdes en el centro de una ciudad, pide indicaciones a alguien que pasee al perro, ya que es mucho más probable que sea de la zona.

Pro(pho)to tipo

· · ·

Si buscas a alguien que te haga una foto en un lugar pintoresco, busca a la persona con una cámara de aspecto profesional. Obtendrás los mejores resultados.

Selfie sirviendo

Cuando inicies una nueva tarjeta SD en tu cámara digital, hazte una autofoto rápida como primera foto. Si pierdes la cámara, te resultará más fácil demostrar que es tuya si aparece en objetos perdidos.

Sé el cambio

Gánate unas millas de karma. El último día de tu viaje a un país extranjero, recoge todas las monedas sueltas y dáselas a los indigentes antes de subirte al taxi que te llevará al aeropuerto.

Usa mi luz

En el aeropuerto, puedes convertirte en un héroe local llevando una regleta. ¿Quieres invitarme a un café por dejarte enchufar? Sería muy generoso, gracias.

. . .

Vestíbulo para la comodidad

¿Estás en el centro de una ciudad y necesitas un poco de intimidad e hidratación? Nadie te va a impedir que entres en el vestíbulo de un buen hotel, donde encontrarás baños tranquilos y a menudo un dispensador de agua para los que se registran. A veces con fruta. O una galleta.

NAVEGACIÓN ELECTRÓNICA Y COCHES DE ALQUILER
GPS

Si tienes uno, llévate tu propio GPS. Puede precargarlo con ubicaciones específicas. Además, asegúrate de guardar la ubicación de devolución del coche de alquiler en tu GPS antes de salir del aparcamiento.

OK, ordenador

¿No tienes itinerancia de datos o conexión a Internet mientras haces turismo? Utiliza Google Maps sin conexión escribiendo "OK Maps" mientras SÍ tienes conexión y, a continuación, la zona visible se guardará cómodamente para que puedas acceder a ella en el futuro.

• • •

Vida en el parque

Cuando aparques en un sitio que no conozcas, haz una foto de tu coche. Si luego no te acuerdas, la foto debe tener las coordenadas GPS. También te servirá como prueba del estado en que lo dejaste si el vehículo sufre daños o es objeto de actos vandálicos.

Capucha

Si tienes problemas con tu coche y tienes que detenerte, abre siempre el capó, sea cual sea el problema. Así, la gente que pase entenderá que esa es la razón por la que te has detenido.

Haz lo que quieras

Si estás buscando coches de alquiler, comprueba que no ofrezcan tarifas especiales para periodos determinados. A veces, las ofertas de 4 días pueden ser más baratas que las de 3. Si buscas 6 días, comprueba rápidamente si son 7. Puede que te lleves una grata sorpresa. Puede que te lleves una grata sorpresa.

. . .

Cómpralo por un dólar

Es una oferta predominantemente estadounidense, pero a veces hay "tarifas de traslado" disponibles (por un dólar, normalmente), en las que la empresa de alquiler necesita un coche para estar en una ciudad diferente. Son buenas para viajes de última hora, pero hay que ser muy flexible con la fecha. Consulte sitios como www.transfercarus.com

Lo que se debe y no se debe hacer a nivel local

Es una buena idea familiarizarse con las costumbres locales, vayas donde vayas. Sin embargo, algunos países (e incluso ciudades) tienen normas y ordenanzas que debes cumplir legalmente. He aquí algunas de las menos obvias por si visitas alguno de estos destinos:

Barbados: Prohibida la ropa de camuflaje. Solo los militares pueden llevar este diseño.

China: No veas ni participes en ninguna actividad que pueda interpretarse como crítica con el gobierno.

Dinamarca: Los faros de los coches deben estar encendidos en todo momento, incluso durante el día (esto también se aplica a muchos países de Europa del Este).

. . .

Francia: Si conduces un coche, la ley te obliga a llevar un alcoholímetro portátil.

Alemania: No parar en absoluto en la Autobahn.

Grecia: Prohibido el desnudo parcial en lugares públicos. Esto también se castiga duramente en **Fiyi**. También en Grecia es ilegal llevar tacones altos en los monumentos históricos.

Jamaica: A pesar de lo que puedas pensar, la marihuana es ilegal aquí.

Japón: Los inhaladores nasales Vick's están prohibidos debido a su uso de pseudoefedrina.

Kazajstán: Es ilegal fotografiar edificios gubernamentales y aeropuertos.

Maldivas: Prohibidas las biblias. No lleves ninguna, ni nada que ofenda las enseñanzas islámicas. Pornografía, por ejemplo.

. . .

Singapur: Sanciones severas por hacer pintadas o mascar chicle. Recuerda: es una ciudad eficiente y limpia que funciona como si la dirigiera el padre enfadado de alguien.

España: Es ilegal conducir con chanclas.

Sudeste asiático: No lleves ni compres drogas. En absoluto. Nunca.

Tailandia: No critiques ni te burles de la Familia Real. Pisar la moneda (la imagen del Rey) también es delito.

Emiratos Árabes Unidos y Arabia Saudí: Prohibido besarse en público.

Barcelona: Te multarán por pasear en bañador por cualquier sitio que no sea la playa.

Florencia: Comer demasiado cerca de un monumento o edificio histórico puede acarrearte una cuantiosa multa.

. . .

Roma también tiene estas leyes.

Nueva Orleans: Aunque beber en la calle es legal, no orines -hagas lo que hagas- en la calle ni en ningún lugar público. Algunos casos extremos han acabado en el registro de delincuentes sexuales.

París: Conserve su billete sencillo de metro: lo necesitará a la salida para demostrar que ha pagado. Esto también se aplica en **Madrid**.

Vancouver: Te multarán por escupir en público, igual que en **Barcelona** y (sorpresa, sorpresa) **Singapur**.

Venecia: No alimentes a las palomas o te multarán. Lo mismo ocurre en **San Francisco**.

Virginia Beach, EE.UU.: Decir palabrotas es ilegal y te multarán por ello. Los estados australianos de Queensland y Victoria tienen leyes similares.

12

Más De 400 Consejos Adicionales

1
¿Planeas hacer un viaje de fin de semana de tres días? Tómate el lunes libre en lugar del viernes. Suele ser mucho más barato volar de sábado a lunes que de viernes a domingo.

2
Está demostrado que los martes a las 15.00 horas, seis semanas antes de su vuelo, es cuando los billetes son más baratos.

3
En comparación con los vuelos nocturnos, los de primera hora de la mañana suelen ir menos llenos y tienen menos probabilidades de sufrir retrasos en el despegue o el aterrizaje.

4
Para determinar cuánto gastará en un viaje, investigue cuánto cuestan el pan, la cerveza y la leche en el país de

destino: es la mejor manera de hacerse una idea de lo caro que es un lugar.

5

Intente utilizar un PC en lugar de un Mac cuando explore las páginas web de reservas de hoteles. Estos sitios pueden saber qué tipo de ordenador utilizas y mostrarán primero las reservas más caras a los usuarios de Mac. Según *el Wall Street Journal, a los usuarios de Mac les* cobran entre 20 y 30 dólares más.

6

Si busca vuelos baratos durante las vacaciones, su primer instinto puede ser mirar los billetes de clase turista, pero en realidad muchos asientos de clase business y economy-plus son más baratos en esta época. Esto se debe a que en esta época del año hay muchos más viajeros en general y muchos menos viajeros de negocios.

7

Antes de salir de viaje de trabajo, revisa la política de gastos de tu empresa. Quizá descubras que puedes gastar cosas en las que no habías pensado, como crema solar.

8

¿Quiere saber la hora de salida de un vuelo? En lugar de buscar en el sitio web del aeropuerto local, escriba la aerolínea y el número de vuelo en la búsqueda de Google para obtener toda la información actualizada que necesita.

9

Cuando reserve un vuelo con escala en Estados Unidos, tenga en cuenta que el tiempo mínimo de escala es de una hora y media. Con menos, es muy probable que no puedas coger el siguiente vuelo.

10

¿No sabe dónde ir de vacaciones?

Lanza una moneda, no para que decida por ti, sino porque te darás cuenta de lo que realmente quieres cuando esté en el aire.

11

¿Quiere trabajar en el extranjero? Los lugares más fáciles para trabajar para los norteamericanos, sudamericanos, europeos y asiáticos son Nueva Zelanda y Australia.

Ambos países ofrecen un visado llamado "working holiday", que permite trabajar en cualquier empleo no cualificado o poco cualificado durante un año como máximo.

12

¿No encuentra un vuelo barato a su destino? Pruebe a buscar dos billetes de ida. Puede que tu viaje tenga una escala más larga y sea más engorroso, pero puede merecer la pena por la cantidad de dinero que podrías ahorrarte.

13

¿Odias pagar las tasas por exceso de equipaje en el aeropuerto? Consulta la página web de la compañía aérea para saber cuánto equipaje puedes llevar y pesa tus maletas en una minibalanza antes de salir. Una báscula sólo cuesta entre 15 y 20 dólares en Internet, pero puede ahorrarte cientos de euros en tasas por exceso de equipaje.

14

Consulta los tipos de cambio en los lugares del país al que vas. A veces puede ser más barato cambiar dinero en tu banco antes de salir, y en algunos casos es incluso más barato sacar dinero de un cajero automático cuando llegas allí.

15

¿Está planeando un viaje a otro país?

Consigue algunos consejos sencillos sobre qué llevar, dónde comer, qué meter en la maleta, etc. haciendo una búsqueda en Internet de "cosas que me gustaría saber antes de visitar (país)".

16

Antes de realizar un vuelo internacional, asegúrese de anotar la información de contacto y la ubicación de la embajada de su país en el país de destino.

17

Antes de leer los consejos de un sitio web de viajes sobre cosas que hacer, eche un vistazo rápido a los consejos de su propia ciudad para hacerse una idea del tipo de cosas que le recomendarán.

18

El método "skiplagged" le ayuda a llegar más barato a su destino como escala, y no al destino final. Por ejemplo, un vuelo de nueva York a Orlando cuesta 250 dólares, pero un vuelo de nueva York a Austin con escala en Orlando cuesta 150 dólares. Puedes buscar estas ofertas en *skiplagged*.

19

Si acabas reservando un vuelo con skip lag y se cancela (como ocurre en el 2,5% de los casos), la aerolínea no está obligada a llevarte al destino intermedio. Aunque en el 97,5% de los casos no te pasará nada, tenlo en cuenta.

20

Antes de viajar al extranjero, compruebe la fecha de caducidad de su pasaporte.

. . .

Algunos países no aceptan pasaportes que caduquen antes de seis meses. Así que, aunque tengas un pasaporte válido, puede que no te lo acepten.

21

Si vas a una ciudad nueva y no sabes qué hacer allí, llama a un hotel de la zona, di que te vas a alojar allí la semana que viene y pregunta lo que quieras.

22

Asegúrese siempre de reservar su asiento lo más cerca posible de la parte trasera del avión. Los estudios han demostrado que es ahí donde se han sentado la mayoría de los supervivientes de accidentes aéreos.

23

¿No quieres pagar 15 dólares a Walgreens o CVs por una foto de pasaporte? Ve a www.travel.state.gov (propiedad del gobierno de EE.UU.) y utiliza su herramienta para recortar y hacer la tuya propia.

24

En general, cuando se compran billetes de avión por Internet, catorce días antes de la fecha de salida es cuando se producen los aumentos de precios más significativos.

25

De hecho, los precios de los vuelos suben cuantas más veces visite un sitio, así que utilice la pestaña de incógnito de su navegador o borre el historial del mismo cada vez que consulte las tarifas de los vuelos. Además, las tarifas pueden cambiar hasta tres veces al día.

26

¿Le preocupa constantemente perder su pasaporte?

Hay varios dispositivos de seguimiento que puede comprar para su cartera o pasaporte y que le permiten localizarlos si alguna vez se extravían.

27

Si las fechas de tu viaje no son fijas, busca billetes en *momondo*. Te mostrarán las diferencias de precio en las fechas cercanas a tu selección. Simplemente quedarte o irte un día más podría ahorrarte unos cientos de dólares.

28

Antes de comprometerte con un hotel o apartamento, consulta el *registro de chinches* (https://bedbugregistry.com/search/) o *los informes sobre chinches* (www.bedbugreports.com). Estos sitios web te mostrarán hoteles de todo el mundo en los que se han detectado chinches.

29

¿Le preocupa no conseguir el hotel más barato posible? Prueba a reservar a través de *alltherooms* (www.alltherooms.com). Buscan en todas las webs de hoteles con descuento, además de *Airbnb*, *Vrbo*, *Couchsurfing*, etc.

30

Si eres de los que sufren turbulencias estomacales, reserva un asiento lo más cerca posible del ala del avión. En esta parte del avión hay mucha más estabilidad.

31

¿Quiere puntos de viajero frecuente gratis? Varias tarjetas de crédito tienen promociones que le darán más de 100.000 puntos sólo por solicitarlos. Solo tienes que asegurarte de que eres de los que pagan puntualmente los saldos de sus tarjetas de crédito.

. . .

32

Cuando solicites un visado de viaje, dirígete siempre al sitio web oficial del gobierno de ese país. Hay muchos otros sitios que pueden tener la capacidad de conseguirle uno, pero le cobrarán diez veces más.

Estos sitios "fraudulentos" suelen estar en los primeros puestos de una búsqueda en Internet y llevan la etiqueta "anuncio".

33

Puedes ahorrarte parte del dinero que te gastarías en un hotel reservando esos largos viajes en tren o autobús para pasar la noche.

34

Normalmente, el momento de reservar los vuelos más baratos es entre seis y ocho semanas antes de querer viajar.

35

El martes y el miércoles son los días en que se compran los billetes más baratos. Los días más baratos para volar son el martes, el miércoles y el sábado.

36

¿Reserva un crucero? Reserve una habitación en los camarotes de la planta baja, cerca del centro del barco. Puede que no tengas vistas al mar, pero es menos probable que te marees.

37

Una de las formas menos caras de viajar es alojarse en albergues, pero puede resultar difícil encontrar los adecuados. *Hostelworld* te mostrará todos los albergues de la zona que desees, junto con valoraciones, reseñas, información de contacto y precios.

38

Utilizando sitios de recompensa de compras en línea, como *evreward* (https://evreward.com) y *cashbackmonitor* (www.cashbackmonitor.com), puede ver ofertas de artículos cotidianos que ofrecen puntos de viajero frecuente adicionales.

39

Las mejores épocas para viajar son las temporadas de temporada baja, de monzones, de lluvias y de calor, ya que habrá muchos menos turistas y tendrá una visión más realista de su destino. También es mucho más barato viajar en estas épocas.

40

¿Quieres escaparte un fin de semana pero no quieres tener que ocuparte de reservar y planificar todo? Deja que una agencia de viajes sorpresa, como *pack up + go* (www.packupgo.com), lo haga todo por ti. Te reservarán el vuelo, el alojamiento e incluso elegirán el destino.

41

Intente siempre barajar varias fechas de salida cuando reserve sus billetes por Internet. Si sales un día antes o te quedas un día más, puedes ahorrarte un par de cientos de dólares en el vuelo.

42

Si usted es ciudadano estadounidense y reserva un vuelo, debe saber que puede obtener un reembolso completo en un plazo de veinticuatro horas, sin hacer preguntas. Esta es la ley, e incluso se aplica a las aerolíneas extranjeras si usted menciona que es de los Estados Unidos.

· · ·

43

¿No tienes dinero para viajar? Hay un programa llamado wwoof (worldwide opportunities on organic farms) en https://wwoof.net, que te pondrá en contacto con granjas y otros lugares en el extranjero que necesiten trabajo voluntario a cambio de comida y alojamiento.

44

Si recurre a una agencia de viajes, pregunte por ofertas en excursiones, espectáculos y otras ventajas. Las agencias suelen tener descuentos y contactos que los sitios de reservas online no ofrecen.

45

¿Piensa llevarse muchos recuerdos? Mete una bolsa de viaje extra en la maleta. Se pliegan fácilmente para ocupar poco espacio, y puedes colgártela del hombro una vez llena de cosas.

46

La mayoría de la gente piensa que cuanto antes mejor cuando se trata de comprar billetes de avión. Pero no es así. Reservar con demasiada antelación (seis meses) puede suponer pagar hasta un 19% más por los billetes.

47

Algunas compañías de seguros de coche le permiten hacer una pausa y despreocuparse de su póliza. Para viajes más largos, esto puede ayudarte a ahorrar unos cientos de dólares con solo hacer una llamada telefónica.

48

Vacía el fregadero y el lavavajillas antes de irte. Nadie quiere volver a casa con los platos sucios y mohosos o el lavavajillas apestoso, así que hazte un favor y déjalos limpios.

49

Justo antes de irte, haz una foto de la cocina. Si más tarde le entra el pánico de no haber apagado todos los quemadores, sus fotos le proporcionarán una prueba visual de que lo hizo. Este método también sirve para confirmar que has cerrado las ventanas o hecho cualquier otra cosa que te preocupe.

50

Puedes impermeabilizar cualquier mochila o maleta frotando una capa de cera de abeja sobre la zona exterior.

51

Antes de cerrar la maleta, mete una hoja de secadora. Cuando llegues a tu destino, tu ropa olerá como si acabara de salir de la secadora.

52

Asegúrate de cubrir los cabezales de las maquinillas antes de meterlas en la maleta. Cualquier clip sirve perfectamente para esta tarea.

53

¿No quieres que tus camisas de trabajo se rasguen o arruguen mientras viajas? Métalas en una carpeta de plástico. Además, así es muy fácil meterlas en la maleta.

54

Cuando etiquete su equipaje con su nombre, información de contacto, etc., asegúrese de poner también una etiqueta en el interior. Las etiquetas del exterior pueden caerse o quitarse, pero si la maleta se pierde, la compañía aérea la abrirá para intentar determinar a quién pertenece.

. . .

55

Siempre que hagas una lista de equipaje para un viaje, haz dos copias y guarda la segunda para asegurarte de que lo traes todo de vuelta.

56

Antes de cerrar la maleta, coge una camiseta, ropa interior y calcetines nuevos y mételos en tu equipaje de mano. Si pierdes el equipaje, al menos tendrás una muda limpia después del viaje.

57

Trate de evitar llevar una baraja de cartas en el equipaje de mano, ya que se iluminará en los rayos X y se convertirá en una "bandera roja" para la TSA.

58

Tenga en cuenta que cuando las compañías aéreas de bajo coste dicen que sólo permiten un artículo personal a bordo, no cuentan las almohadas. Incluso puedes meter algunas prendas de ropa en la maleta y salirte con la tuya.

59

¿Chaquetas o ropa de invierno que ocupan demasiado espacio en la maleta? Mételos en una bolsa de compresión. Estas bolsas pueden reducir las prendas hinchadas hasta un 25% de su tamaño normal, y no necesitan vacío (lo que puede ser útil de camino a casa).

60

Cuando hagas la mochila, intenta siempre distribuir el peso de modo que los objetos más pesados queden en el centro, más cerca de la espalda. Así conseguirás un mejor equilibrio y una menor tensión en la espalda.

· · ·

61

¿Darás un discurso o una presentación en tu destino? Guarda siempre una copia de seguridad separada de tu portátil, ya sea en un usb en tu maleta de mano o en algún lugar donde puedas acceder a ella en línea.

62

Cuando hagas la maleta para un viaje de mochilero, asegúrate siempre de enrollar la ropa. Así cabrá casi el doble de ropa y evitarás que se arrugue.

63

La mayoría de las compañías aéreas son bastante buenas a la hora de localizar equipajes perdidos, pero no son las mejores a la hora de mantenerlo informado sobre su estado. Si esto le preocupa, puede poner en su maleta un rastreador de equipaje. Estos dispositivos te permiten localizar tu maleta en tiempo real en cualquier parte del mundo.

64

Asegúrese siempre de hacer una foto rápida de su maleta antes de viajar. Esto ayudará a acelerar el proceso de papeleo si alguna vez pierde su equipaje.

65

Ahorra espacio en tu maleta metiendo dentro de los zapatos cosas pequeñas como calcetines, ropa interior, artículos de aseo, etc.

66

Marca tu equipaje o mochila como "frágil". No sólo lo manipularán con más cuidado, sino que los artículos frágiles suelen almacenarse en la parte superior de la pila, lo que significa que recuperarás tus maletas antes.

· · ·

67

Transfiera su perfume, colonia o loción para después del afeitado a un frasco de plástico con pulverizador. Así ahorrarás espacio y evitarás que el frasco se rompa en la bolsa de viaje.

68

¿Viaja con joyas? Los pastilleros son un organizador seguro y práctico.

69

Reduzca el número de artículos de tocador llevando sólo acondicionador para el pelo. Te servirá para muchas cosas, como espuma de afeitar, crema de peinar/gel para el pelo, desmaquillante de ojos, crema para cutículas y detergente para la ropa. También puede actuar como protector solar para el pelo si te peinas un poco antes de ir a la piscina o a la playa.

70

Si viaja con gente del lugar o solo, llévese algunos pequeños recuerdos de casa para dar las gracias. También son un buen tema de conversación.

71

No vuelva a mezclar la ropa sucia con la limpia; sólo tiene que darle la vuelta a la ropa sucia después de ponérsela.

72

Que sirva de advertencia: sea cual sea la cantidad de calcetines que creas que vas a necesitar, súmale un 50%.

73

· · ·

¿Harto de que se te aplaste el sombrero en la maleta?

Dobla una camiseta y métela dentro del sombrero. ¡Se acabó el sombrero aplastado!

74

Antes de empaquetar tu neceser de maquillaje, echa unos discos o bolitas de algodón dentro de cada polvera. Así evitarás que el maquillaje en polvo se rompa en la maleta o el bolso.

75

¿Quieres asegurarte de que la ropa de tu maleta o mochila permanece seca? Forra el interior con unas cuantas bolsas de basura.

76

Esas pequeñas fundas para rodillos de pintura son perfectas para sujetar tus anillos con seguridad y mantenerlos libres de arañazos durante tus viajes.

Cómo hacer eficazmente una maleta

77 Enrolle bien la ropa.

78 Coloca los objetos más pesados, como zapatos, en las cuatro esquinas y paredes.

79 poner vaqueros y pantalones enrollados encima de la capa de zapatos.

80 prendas más ligeras, como jerséis y pantalones cortos, van a continuación.

81 camisas y prendas delicadas que no se pueden enrollar van a continuación.

82 Por último, los neceseres y artículos de aseo van en último lugar (para facilitar el acceso).

83

. . .

¿Quieres que tus camisas de cuello no parezcan rígidas? Enrolla un cinturón y mételo por dentro de la abertura del cuello de la camisa. Así también ahorrarás un poco de espacio.

84

Deja de comprar envases de viaje nuevos de pasta de dientes, enjuague bucal, desinfectante de manos, etc., para cada viaje. Rellena los viejos envases de viaje con las botellas grandes que tienes en casa.

85

Asegúrate siempre de dar un paseo de prueba una vez que hayas hecho la maleta para un viaje de mochilero. Así podrás volver a hacerla más ligera o modificarla para que te resulte más cómoda antes de salir. Lo último que quieres hacer es probarlo al bajar del avión.

86

A menos que vayas a la Antártida, normalmente puedes ahorrar mucho espacio en tu maleta llevando varias capas, en lugar de meter en la maleta una gran chaqueta hinchada o un grueso jersey de lana.

87

¿Sólo necesitas un poco de maquillaje, loción, protector solar, etc., para todo el día? En lugar de llevar frascos enteros, ahorra espacio en tu maleta metiendo estos productos de cuidado de la piel en viejos estuches de lentillas.

88

¿Te has comprado un par de zapatos nuevos para el viaje? Lleva unos calcetines más gruesos. Llevar calcetines gruesos los dos primeros días ayuda a que el calzado se adapte mejor y evita la aparición de ampollas.

89

Puedes evitar que tus collares se enreden en la maleta pasándolos por una pajita y cerrando el cierre.

90

Si eres de las que lleva un montón de cintas para el pelo, prueba a pasarlas por un mosquetón. Así las tendrás organizadas y todas en el mismo sitio mientras viajas.

91

¿Toma determinados medicamentos con regularidad? Llévalos en fajos más pequeños en maletas y bolsas de mano separadas. Si pierdes uno, aún tendrás medicamentos para una semana.

92

¿Tiene el sueño ligero? Asegúrese de meter en la maleta un par de tapones para los oídos o auriculares con cancelación de ruido para el vuelo o si se aloja en el centro de una ciudad bulliciosa.

93

¿Te preocupa que se abran las cremalleras de tu maleta? Utiliza bridas para unir las dos cremalleras. Así será imposible que la maleta se abra accidentalmente. (Y si los de seguridad registran tu maleta y cortan las bridas, sólo perderás unos céntimos de dólar).

94

¿Le preocupa que su vuelo llegue tarde o con retraso? Estadísticamente, las cuatro aerolíneas con mejor registro de llegadas puntuales son delta, united, alaska y hawaiian.

95

Mantén intacta la forma de tus sujetadores encajando los calcetines dentro de las copas.

96

¿Tienes miedo de que tus productos líquidos se filtren en la maleta? Compra un paquete de globos en la tienda del dólar y envuélvelos alrededor de la parte superior de las botellas. Serán herméticos y también impermeables.

97

¿Piensas llevarte muchas cosas? Compra una maleta más pequeña para la ropa y métela dentro de otra más grande.

98

Lleve un frasco pequeño de medicamentos con receta. Siempre que lleve tu nombre, puede servirte de identificación en los aeropuertos, por si pierdes el tuyo.

99

¿Llevas botellas que podrían tener fugas? Para mayor seguridad, envuelve los tapones con plástico.

¿No sabe cuánto equipaje de mano puede llevar? Utilice esta tabla de tamaños de equipaje de mano

- 100 General: 22" × 16 × 16" × 8" (Máx: Economy, 11 Libras/Business, 2 Piezas De Equipaje, 17 Libras Cada Una)
- 101 American Airlines: 22" × 14" × 9" (Máx: No Revelado)
- 102 Delta Air Lines: 22" × 14" × 9" (Máximo: 15 Libras Al Volar Desde El Aeropuerto Changi De Singapur, 22 Libras Al Volar Desde El Aeropuerto Capital De Pekín Y El Aeropuerto Pudong De Shanghai)
- 103 Easyjet: 22" × 17" × 9,8 × 17,7" × 9,8" (Máx.: No Revelado)

- 104 Emiratos: 22" × 15" × 8" (Máx: 15 Libras)
- 105 Quantas: 22" × 14.2" × 9" (Máx: 15 Libras)
- 106 Ryanair: 21,7" × 15,7" × 7,9" (Máx.: 22 Libras)
- 107 Southwest Airlines: 24" × 16" × 10" (Máx.: 15,4 Libras)
- 108 Aerolíneas Turcas: 21,7" × 15,7" × 9" (Máx.: 17,6 Libras)
- 109 United Airlines: 22" × 14" × 9" (Máx: No Revelado)

110

Cómprate una "toalla de viaje". Son ligeras, se secan más rápido y se doblan hasta la mitad del tamaño de una toalla normal.

111

Asegúrate siempre de meter en último lugar el pijama y las cosas para dormir. Cuando llegues a tu destino, no tendrás que rebuscar en el contenido de toda tu maleta para prepararte para dormir.

112

Asegúrate siempre de enviarte por correo electrónico una foto o escaneado de tu pasaporte. Aunque esto no es suficiente para subir a un avión, puede facilitar mucho el proceso si alguna vez pierdes o te roban el pasaporte.

113

Hazte una foto rápida con tu equipaje antes de salir hacia el aeropuerto. En el desafortunado caso de que pierdas tu equipaje, la foto ayuda a la compañía aérea a localizarlo y demuestra que es tuyo.

114

Siempre es buena idea llevar copias de los documentos importantes (pasaporte, seguro de viaje, tarjeta sanitaria, etc.). Sin embargo, si de algún modo lo pierdes todo, siempre es una ventaja haber guardado todo eso en la nube.

115

¿Quiere disuadir a los ladrones para que no conviertan su casa en un objetivo? Conecta ciertas luces de tu casa a temporizadores para que se enciendan y apaguen, y parecerá que estás en casa.

116

Divide tu dinero en aproximadamente tres cantidades iguales y colócalas en tres lugares distintos: un tercio en la cartera, un tercio en la maleta y un tercio en un bolso de mano/bolso de hombre. Si te atracan o pierdes alguno de estos objetos, aún te quedará algo de dinero.

117

¿Quiere asegurarse de que no se le olvida el pasaporte? Póntelo en el zapato para que no puedas irte sin pisarlo.

118

Conozca el tipo de enchufes que se utilizan en el país que va a visitar. Ahora es el momento de comprobar y comprar el adaptador de corriente adecuado. Lo último que querrá hacer cuando llegue a su destino es buscarlo en las tiendas.

119

¿Quién dijo que hay que tener un negocio para tener una tarjeta de visita? Imprime algunas tarjetas personales con tu nombre, número de teléfono, correo electrónico, *twitter*, *facebook*, *instagram*, *etc.*, y repártelas entre los amigos que conozcas en tu viaje.

120

Informe siempre a su banco de que va a viajar. A menudo, los bancos bloquean la tarjeta cuando detectan transacciones inusuales en el extranjero.

121

Los distintos países pueden tener requisitos de preembarque arbitrarios, como horarios de cierre de puertas. Averigüe cuáles son antes de viajar.

122

Paga tus facturas antes de irte. Probablemente sea lo último que quieras hacer, pero las empresas siguen cobrándote intereses y recargos por demora si estás de vacaciones.

123

Algunas tarjetas de crédito y cuentas bancarias le dan acceso gratuito a las salas VIP de los aeropuertos. Comprueba la tuya antes de salir, porque puede que tengas acceso a estos lugares y ni siquiera lo sepas.

124

Si vas a viajar a otro país, tómate un segundo para investigar cómo se saludan sus gentes. Algunas culturas exigen un apretón de manos firme; otras, un apretón de manos más flojo; otras, una reverencia; otras, contacto visual; otras, saludar primero al más viejo del grupo; y otras consideran inapropiado dar la mano a una mujer.

125

Averigüe de antemano la contraseña del wi-fi de su aeropuerto. No querrás perder el tiempo buscándola una vez allí. Google tiene una página de contraseñas inalámbricas de aeropuertos y salas VIP de todo el mundo. Consulta también la contraseña de tu aeropuerto de destino para volver a casa.

126

Haz siempre una foto o una captura de pantalla de tu itinerario y la información del hotel antes de salir de viaje de trabajo. Así evitarás llegar tarde o "no presentarte" si no puedes acceder a Internet o a los datos.

127

¿Viaja con artículos caros, como un ordenador portátil, una cámara, etc.? Anote todos sus números de serie antes de partir. Si te los roban, tener esta información hará que sea mucho más fácil recuperarlos de la policía.

128

¿No estás seguro del tiempo que hará en un lugar? Echa un vistazo a la etiqueta de ese lugar en *Instagram*. Así te harás una idea de lo que debes llevar y meter en la maleta.

129

Asegúrate de subir o bajar el termostato de tu casa antes de salir de viaje para ahorrar dinero, pero no lo apagues del todo. Tu casa necesita circulación de aire para controlar la humedad y el moho.

130

Antes de irte de vacaciones, coloca una moneda en una taza de hielo de tu congelador. A la vuelta, si la moneda está en el hielo, significa que tu congelador dejó de funcionar en un momento dado y tu comida se ha echado a perder.

131

¿Vuelves con un montón de recuerdos para los amigos y

la familia? Haz una lista de los que tienes que comprar antes de salir. Así no tendrás que pensar sobre la marcha y correrás el riesgo de olvidarte de alguien.

132

¿Va a hacer un viaje largo? Haz algo raro o anormal al cerrar la puerta principal para que puedas recordar fácilmente que lo has hecho.

133

¿Vas a estar fuera más de una semana y no quieres que el correo se acumule en tu buzón? Póngase en contacto con su oficina de correos local, indíqueles las fechas de su ausencia y ellos se encargarán de guardar su correo y entregárselo a su regreso.

134

El asrs (aviation safety reporting system) es un sistema de notificación diseñado por la Nasa que permite a las tripulaciones de vuelo informar confidencialmente de incidentes cercanos a un accidente durante los vuelos sin temor a perder su empleo. Toda la base de datos está a disposición del público en https://asrs.arc.nasa.gov/search/database.html. Puede utilizar el asrs para comprobar la aerolínea que está utilizando desde dentro de la organización.

135

Haz una foto de un mapa de tu destino en tu teléfono antes de salir. La mayoría de las cámaras tienen una resolución lo suficientemente alta como para que puedas ampliar cualquier punto con claridad.

136

Guarda todos esos pequeños paquetes de muestras gratuitas de loción, jabón, champú, etc. en las semanas previas a tu viaje. Son perfectos para viajar porque ocupan muy poco espacio.

137

Puede recibir una notificación de la embajada estadounidense en caso de catástrofe natural, disturbios civiles o emergencia inscribiendo su viaje en *step* (smart traveler enrollment program) en https://step.state.gov.

138

Antes de irte, echa un poco de bicarbonato y vinagre por los desagües. Así mantendrás frescos los desagües y las tuberías durante tu ausencia.

139

¿Buscas una cámara para documentar tus viajes? Entra en *flickr* (www.flickr.com/cameras), busca las fotos por la cámara con la que se tomaron y encuentra el modelo que mejor se adapte a tus necesidades.

140

¿Viaja con regalos de cumpleaños o de vacaciones? A menudo, puede resultar más barato enviar estos artículos al lugar de destino. La mayoría de las aerolíneas cobran 35 dólares por bolsa adicional; si es pesada, puede costarte 50 dólares más.

141

Una de las mejores cosas que puede hacer antes de salir hacia el aeropuerto es ir al gimnasio. Hacer ejercicio ayuda a reducir el estrés de volar. También te ayudará a conciliar el sueño y no te moverás tanto cuando tengas que permanecer prácticamente quieto durante horas y horas.

142

Cambia siempre las sábanas y haz la colada y una

limpieza rápida antes de irte. No hay nada peor que volver de vacaciones y tener que hacer las tareas domésticas. Tu futuro yo te lo agradecerá.

143

Hazte unas cuantas fotos de carné de más para llevártelas de viaje. Si pasa algo, lo último que querrás es vagar por una ciudad extranjera buscando a alguien que te haga una foto.

Antes de salir, asegúrate de que llevas estas cosas en tu equipaje de mano

144 pasaporte/identificación

145 auriculares

146 calcetines

147 desodorante

148 antifaz

149 botellas de agua reutilizables

150 libro(s)

151 almohada cervical

152 aperitivos

153 equipo extra

154

¿Tienes un vuelo temprano? Póngase el desodorante la noche anterior. No sólo es una cosa menos que tienes que hacer antes de tu vuelo; también se ha demostrado que es más eficaz que las aplicaciones de la mañana para detener ese sudor nervioso de las axilas.

155

¿Quieres mejorar tu vocabulario antes de viajar? Puedes aprender español, francés, italiano, alemán y portugués gratis en *duolingo*.

156

¿Te vas a un sitio cálido? Coma muchos tomates la semana antes de partir. Se sabe que previenen las quemaduras solares y son una defensa natural eficaz contra los daños del sol.

157

Para deshacerte de tu ansiedad por volar, prueba este ejercicio de respiración: exhala completamente, inhala durante cuatro segundos, aguanta la respiración durante siete segundos y luego exhalar durante ocho segundos.

158

Antes de salir, prepárate una o dos comidas y métalas en el congelador. Te lo agradecerás más tarde, cuando llegues a casa y estés demasiado cansado para cocinar.

159

Si planeas irte fuera durante un periodo de tiempo considerable, intenta reservar un chequeo médico rápido con tu médico antes de irte. Es mucho mejor descubrir algo antes de partir que cuando estás en el extranjero.

160

Cuando te pintes las uñas antes de un viaje, elige un color claro. Los tonos claros de esmalte no muestran tanto las grietas como los oscuros.

161

Nunca subestimes el poder de una riñonera. Puede que no sea la opción más moderna, pero puede ahorrarte muchos quebraderos de cabeza a lo largo del día, ¡y es casi imposible robarla!

162

¿Le cuesta despedirse de sus seres queridos en el aeropuerto? Puede solicitar un pase de acompañante para pasar por el control de seguridad y acompañarles hasta la puerta de embarque.

163

¿Sabía que puede llevar alcohol en un avión? Siempre que sea en botellas de 3,4 onzas o menos, es aceptable llevarlo a bordo.

164

¿Odia vaciar los bolsillos cada vez que pasa por un control de seguridad? Mételo todo en los bolsillos de la chaqueta y tírala a la papelera.

165

Los escáneres de seguridad de los aeropuertos tienen problemas para escanear jerséis brillantes o cualquier prenda que tenga algo brillante. Así que, si llevas algo de este tipo, prepárate para que te registren y cacheen.

166

Si decides ceder voluntariamente tu asiento en un vuelo con overbooking, no aceptes la oferta sin más. Dile al agente de la puerta de embarque: "ponme otros 200 dólares (o más/menos, según tu mejor criterio), y acepto". Casi siempre dirán que sí, porque un voluntario dispuesto lo vale.

167

Lleva siempre una funda de almohada extra en tu equipaje de mano. Así, si alguna vez tienes un vuelo con mucho retraso o te quedas atascado en algún sitio, siempre tendrás la opción de rellenarla con ropa para tener una almohada improvisada.

168

Cuando le entreguen un resguardo de recogida de equipaje, hágale inmediatamente una foto con su teléfono. Si se pierde, podrá reclamar sus pertenencias sin problemas.

169

¿La maleta está demasiado llena? Ponte unas cuantas capas extra y quítatelas cuando subas al avión.

170

¿Odia esperar en la aduana o en las colas de seguridad? Si viaja con frecuencia, puede que le merezca la pena solicitar la entrada global. Este programa de aduanas y protección de fronteras de EE.UU. requiere una entrevista y cuesta 100 dólares por una suscripción de cinco años, pero le permitirá saltarse todas y cada una de las colas de la TSA y las aduanas en su viaje.

171

¿Tienes ganas de vomitar en el avión? Comer un caramelo de menta o masticar un chicle mentolado puede ayudarte a controlar las ganas de vomitar.

172

¿Quieres hacer amigos mientras viajas? Llévate una regleta al aeropuerto. Serás un héroe y conocerás a un montón de gente nueva.

173

Agilice las colas de seguridad en el aeropuerto para usted y para todos los demás sabiendo cuántos compartimentos necesitará: uno por mochila/maletín, uno específico para cada ordenador portátil, uno para los zapatos y otro para el resto de objetos personales (cinturón, cartera, teléfono móvil, reloj).

174

¿Olvidó llevar una almohada cervical? Puedes hacer una

enrollando una manta de avión y ponértela a modo de bufanda. Obviamente no es tan cómoda, pero al menos te mantendrá la cabeza en un sitio mientras duermes la siesta.

175

¿Quiere encontrar el mejor sitio para comer en un aeropuerto? Fíjese dónde comen los auxiliares y el personal de vuelo. Lo más probable es que hayan estado allí muchas veces y sepan dónde están los mejores sitios.

176

¿Se cancela el vuelo? En lugar de ir corriendo al agente con el resto de viajeros, llame al número 1-800 de la aerolínea. Pueden hacer exactamente lo mismo que el agente, y ganarás al 90% de la cola haciéndolo.

177

Lleve siempre un bolígrafo en el equipaje de mano antes de salir para el vuelo. Le facilitará mucho las cosas a la hora de rellenar formularios.

178

Al pasar por las colas de seguridad, diríjase siempre a la que esté más a la izquierda. Dado que la mayoría de la gente es diestra, tiende a preferir las filas de la derecha.

179

Antes de despegar, descárgate algunos de tus podcasts favoritos mientras tengas wi-fi. Escucharlos es una forma estupenda de pasar el tiempo en esos vuelos largos, y no podrás acceder a ellos a menos que tengas pensado pagar por el internet a bordo.

180

¿Quieres matar el tiempo en un vuelo largo? Descárgate un emulador de Game Boy en tu móvil y vuelve a jugar a juegos de tu infancia como *Pokémon*. El vuelo se te pasará volando.

181

¿Odia viajar con todos esos cables sueltos? Lleva una funda de gafas extra y guárdalos ahí para tenerlos siempre a mano y evitar que se enreden.

182

Nunca tenga miedo de pedir una subida de clase en su avión. A menudo, la clase preferente o la primera clase no están llenas y algunas aerolíneas te suben de clase gratis. Lo peor que puede pasar es que te digan que no.

183

Si pierde el vuelo de salida, la compañía aérea le considerará "no presentado", lo que significa que perderá la parte del billete correspondiente a la vuelta.

184

Compra un cargador de móvil portátil. Utilizarás el móvil durante el vuelo y mientras esperas, y no querrás llegar a tu destino sin batería. Un cargador portátil es barato, fácil de llevar y te evitará muchos quebraderos de cabeza.

185

Asegúrate de llevar siempre contigo una botella de agua vacía cuando vueles. Los aeropuertos son más estrictos con los líquidos (aunque solo sea agua), pero si llevas una botella vacía, podrás llenarla una vez pases el control de seguridad.

186

Si le deniegan el embarque o cancelan su vuelo, sepa que el mostrador de facturación o la puerta de embarque tienen legalmente que informarle de sus derechos. Esto puede ser especialmente útil a la hora de reclamar ayuda compensatoria.

187

¿Te apestan los zapatos de tanto viajar? Mételos en el congelador cuando llegues al hotel. Matará las bacterias y eliminará el mal olor.

188

Haz siempre una captura de pantalla de la tarjeta de embarque de tu móvil antes de salir hacia el aeropuerto. No querrás tener que depender de una conexión a Internet para poder subir a tu avión.

189

¿Quieres añadir comodidad y apoyo lumbar a tu asiento? Enrolle una manta o una chaqueta y colóquela en la parte inferior del respaldo. Así apoyará la espalda mucho mejor que en un asiento de avión en forma de C.

190

¿No tienes entretenimiento a bordo? Una lata de refresco aplastada o una bolsa con cremallera son soportes perfectos para ver algo en el móvil.

191

¿Viajas a Australia o Nueva Zelanda? Declara tus zapatos como "equipo usado para actividades al aire libre". La cola de "declarar" siempre es mucho más corta que la cola normal de la TSA.

192

¿Buscas una forma de evitar que se te hinchen los pies mientras estás en el aire? Cómprate unos calcetines de compresión.

193

Deje de preocuparse por conseguir el temido asiento del medio; reserve su asiento por Internet con antelación para poder elegir asiento. La mayoría de las compañías aéreas permiten reservar en línea hasta veinticuatro horas antes del vuelo. No lo deje para última hora.

194

Hay una razón por la que la comida de avión nunca sabe tan bien. Nuestro sentido del olfato y del gusto disminuye entre un 20% y un 50% en el aire extremadamente seco provocado por la baja presión atmosférica y la humedad de un avión que vuela a una altitud de crucero de 30.000 a 35.000 pies. Una forma de combatirlo es llevar su propio paquete de sal.

195

Lleva una barra de bálsamo labial y un pequeño tubo de crema hidratante en el equipaje de mano. El aire de los aviones es muy seco. Asegúrate de que el bote de crema hidratante es lo bastante pequeño para pasar el control de seguridad.

196

¿Viaja en pareja? Intenta reservar el asiento de ventanilla y el de pasillo de una fila. Si el vuelo no está lleno, es probable que tengáis toda la fila para vosotros, y si alguien la reserva, lo más probable es que se cambie contigo porque ¿quién demonios quiere sentarse en el asiento del medio?

Conozca la jerga de los auxiliares de vuelo

197 zumo azul: el agua del retrete.

198 de botella a acelerador: el tiempo que un piloto debe abstenerse de consumir alcohol antes de volar.

199 vigilancia de la entrepierna: el tiempo dedicado a

asegurarse de que la gente lleva bien abrochado el cinturón de seguridad.

200 deadhead: miembro de la tripulación que se encuentra en el vuelo para hacer autostop en algún lugar.

201 piojos de la puerta de embarque: personas que se agrupan alrededor de la parte delantera del avión.

202 George: apodo del piloto automático del avión.

203 mini me: la pequeña bolsa de basura utilizada para recoger la basura de los pasajeros.

204 lanzando hachís: hora del servicio de comidas.

205 clase turista: la sección del vuelo con los asientos más baratos.

206 especial dos por uno: cuando el avión rebota en el suelo durante el aterrizaje.

207

¿Odias ese pitido en los oídos al despegar o aterrizar? Cómprate unos tapones para los oídos. Están especialmente diseñados para reducir la presión en los oídos y solo cuestan unos 8 dólares en Internet.

208

¿Quiere sentirse como un vip en el aeropuerto? La mayoría de esas salas ejecutivas ofrecen pases de un día. Esto puede ser muy útil si tienes que hacer una escala larga.

209

¿Busca una forma de pasar más rápido el control de seguridad del aeropuerto? Póngase a la cola de los viajeros de negocios. Suelen tener prisa, viajan con poco equipaje y conocen el procedimiento.

210

Por otra parte, las personas más lentas en la cola de

seguridad de un aeropuerto son las familias, especialmente las que tienen varios hijos. Evita estas colas y tu vida será mucho más fácil.

211

¿Quieres localizar tu maleta en un abrir y cerrar de ojos en la recogida de equipajes? Átale un trozo de cinta de colores brillantes.

212

Si viaja por Europa y su vuelo sufre un retraso de tres o más horas, sepa que tiene derecho a ciertas compensaciones, que pueden ir desde comidas gratuitas hasta 600 euros, dependiendo de la situación. Asegúrese siempre de comprobar la política de su compañía aérea sobre compensaciones por retrasos de vuelos.

213

La mayoría de las aerolíneas tienen una aplicación que te permite facturar e imprimir tu tarjeta de embarque antes de llegar al aeropuerto. De este modo, puedes saltarte la cola de facturación e ir directamente al control de seguridad, reduciendo potencialmente el tiempo de espera a la mitad.

214

Si los precios de uber y lyft se disparan en el aeropuerto, prueba a coger el autobús lanzadera a una parada del aeropuerto. Esto puede reducir el coste en más de un 60%.

215

¿Quiere un servicio más atento por parte de los auxiliares de vuelo? Siéntese en la parte trasera del avión. Los auxiliares de vuelo suelen desaconsejar los extras a los pasajeros de la parte delantera del avión, porque tienen que pasar junto a todos los demás pasajeros para llegar a la parte delantera, lo que crea más demanda. Sin embargo, si te sientas en la parte de atrás, nadie más te verá pedir esa mini botella de tequila extra.

216

Nunca cambies dinero en los aeropuertos. Esos puestos de cambio son conocidos por tener los peores tipos de cambio.

217

¿Quiere favorecer la circulación de los pies? Compre un reposapiés de avión. Se colocan sobre la bandeja para que puedas levantar los pies y relajarte. Puedes comprar uno en Internet por unos 20 dólares.

218

¿Siente que pierde la voz durante un vuelo? Bebe agua inmediatamente. Es bastante habitual que la gente pierda la voz debido a la falta de humedad en el interior de los aviones, así que asegúrate de mantenerte hidratado (no con café o refrescos, sino con agua).

219

Los números de salida de las autopistas en la mayoría de los estados de EE.UU. se corresponden con los kilómetros de la autopista. Por ejemplo, la salida 75 está a unas 75 millas de la autopista. Esto puede ser útil para llevar la cuenta de cuántas millas tiene que viajar hasta su salida.

220

Si alguna vez quedas atrapado bajo el agua en tu coche,

utiliza el reposacabezas de tu asiento para romper la ventanilla.

221

Sea cual sea el tiempo que le llevó un viaje por carretera en el pasado, asegúrese de añadir entre un 5 y un 10 por ciento más de tiempo la próxima vez. El tráfico, especialmente en las ciudades, empeora constantemente, sobre todo en las horas punta. Piense en ello como en la inflación de los tiempos de conducción.

222

Llena una bolsa de plástico con cremallera con servilletas y utensilios de plástico y guárdala en el coche. Seguro que te resulta útil en algún momento del viaje.

223

¿Te cuesta conciliar el sueño durante un largo viaje? Encuentra el Walmart más cercano. Ellos no tienen límites de tiempo en el estacionamiento en sus estacionamientos, por lo que está legalmente permitido aparcar su coche, camión, o rv allí durante la noche.

224

¿Estás haciendo una lista de reproducción para tu viaje por carretera? Añade algunas canciones de los productores de tus artistas favoritos. El productor suele tener mucho que ver en el sonido final de la canción, además de que estas canciones serán únicas para tu viaje -para siempre- y te "llevarán de vuelta" cada vez que suenen.

225

¿Quiere ser el primero en coger un taxi en el aeropuerto? No siga a la multitud hasta los taxis situados fuera de llegadas; en su lugar, diríjase a salidas, y encontrará un montón de taxis vacíos que acaban de dejar a gente.

226

Evite pagar de más por los taxis en otros países abriendo el gps de su teléfono e introduciendo usted mismo las coordenadas del destino.

227

Si eres demasiado joven para alquilar un coche, alquila una u-haul. Sólo tienes que tener dieciocho años para alquilar uno, y tienen algunas opciones de furgonetas más pequeñas que son mejores en el gas.

228

¿Aparcar en el aeropuerto o en otro aparcamiento de varias plantas? Haz una foto de tu sección/fila para no pasarte horas dando vueltas intentando encontrarla.

229

Mantenerse hidratado es clave para cualquier viaje por carretera. Los mejores lugares para llenar gratis tu jarra de agua son los parques nacionales, las gasolineras, las cafeterías o los restaurantes.

230

¿Somnoliento durante un largo viaje en coche? Escucha monólogos. Esto hará que el tiempo pase más rápido y es casi imposible dormirse mientras te ríes.

231

A más de 65 km/h, es más económico subir las ventanillas y encender el aire acondicionado. Cuando se circula a menos de 65 km/h, ocurre lo contrario.

232

¿Vas a cruzar el país en un autobús Greyhound? Ten en cuenta que tu billete es válido durante todo un año, así que puedes parar en los puntos de transbordo, explorar/experimentar la zona y volver a subirte a otro autobús.

233

¿Semáforo apagado o en rojo intermitente? Esto significa que estás legalmente obligado a tratarlo como una señal de stop, incluso si no hay otros coches alrededor.

234

¿Quieres ser respetuoso con el medio ambiente mientras viajas? Selecciona "modo ecológico" cuando solicites un lyft. Así te asegurarás de que el coche que venga a recogerte sea híbrido o eléctrico por el mismo precio que uno de gasolina.

235

¿Siente que se queda dormido cuando conduce de madrugada? Pida una taza de hielo con su café matutino y mastique los cubitos mientras conduce. Esto funciona mejor que el café para mantenerte despierto.

236

En la mayoría de las ciudades, cuanto mayor sea el límite de velocidad, más largo será el semáforo en amarillo. Ten cuidado si empiezas a reducir la velocidad demasiado pronto con un semáforo en amarillo largo; podrían chocarte por detrás.

237

Debido a la presión y al desgaste de los neumáticos, a menudo vas más despacio de lo que indica el velocímetro de tu coche. En algunos coches, esto puede variar hasta 3,1 mph.

238

Por mucho que pienses que el exceso de velocidad te hará llegar más rápido, en realidad no es así en las zonas de mucho tráfico. Si vas al límite de velocidad exacto, te encontrarás con más semáforos en verde consecutivos en zonas con muchos semáforos.

239

Cuando visite parques nacionales, tenga en cuenta que la mayoría de los parques ofrecen autobuses lanzadera desde los aparcamientos cercanos. Esto te ayudará a evitar las aglomeraciones, y también puedes obtener descuentos en algunas entradas a parques estatales.

240

Si alguna vez te pierdes en la carretera, no pares en una gasolinera para pedir indicaciones, sino en una pizzería. Gracias a sus entregas, ¡saben dónde está todo!

241

Se puede saber dónde se sube a un tren buscando las manchas sucias en la pintura amarilla de precaución, que suele ser donde está todo el tráfico peatonal.

242

Antes de salir de viaje, guarda una jarra de agua en algún lugar del coche. Ocupa un espacio mínimo y puede ayudarte a mantenerte hidratado hasta que llegues a la gasolinera más cercana.

243

Antes de pagar el transporte en otros países (por ejemplo, billetes de tren, vuelos nacionales, etc.), consulte la página web en el idioma nativo del país. Algunos países de

Sudamérica y Asia ofrecen tarifas más baratas en estos sitios web.

244

¿Te vas de viaje a un lugar más frío? Asegúrate de comprobar la presión de los neumáticos; por cada 10 grados de descenso en la temperatura del aire, la presión de los neumáticos disminuye 1 libra por pulgada cuadrada. Esto puede suponer una gran diferencia cuando pasas de temperaturas de 80 a 30 grados.

245

Cuando alquiles un coche, una de las primeras cosas que debes hacer es pulsar el botón de la alarma para familiarizarte con ese sonido.

246

Ten en cuenta que existen colchones hinchables específicos (a la venta en Internet) diseñados para convertir el asiento trasero del coche en una cama.

247

Superar en tan sólo 8 km/h el límite de velocidad de 40 km/h en un barrio residencial o en un distrito escolar aumenta la tasa de mortalidad de peatones en un 75%. Por eso se eligió el límite de velocidad de 40 km/h.

248

¿No sabe dónde está la entrada de un aeropuerto o de un hotel? Busque dónde está el aparcamiento para minusválidos. Siempre están situados lo más cerca posible de la entrada principal.

249

Si el taxista te pregunta si eres "de por aquí", miente y di que sí. A veces viajan más lejos (subiendo el precio) para los turistas.

250

¿La batería del coche no quiere arrancar en una mañana fría? No sigas intentando darle a la manivela. En su lugar, enciende los faros durante unos treinta segundos y vuelve a intentarlo. Esto puede funcionar a las mil maravillas.

251

¿Quieres recordar dónde has aparcado el coche? Utiliza la aplicación Google Maps para saber dónde aparcas. Solo tienes que tocar tu ubicación actual cuando aparques y marcarla con una "estrella".

252

Siempre que llenes los neumáticos de aire, asegúrate de comprobar también la rueda de repuesto. De nada sirve llevar una de repuesto si no puedes utilizarla.

253

Puede aumentar la eficiencia del combustible en un 10% sustituyendo un filtro de aire viejo. Puede aumentarla un 25% retirando el portacargas del techo. Y por cada 100 libras de peso que elimine, aumentará la eficiencia del combustible en un 1 por ciento.

254

Siempre que veas un animal cruzando la carretera, da por sentado que habrá otros siguiéndolo. A la mayoría de los animales salvajes les gusta viajar en manada siguiéndose unos a otros, así que asegúrate de conducir con precaución.

255

¿Le preocupa en qué lado de la carretera estará su

salida? Si el número de salida está en la parte superior derecha de la señal, la salida estará en el lado derecho de la carretera. Si el número de salida está en la parte superior izquierda de la señal, la salida estará en el lado izquierdo de la carretera.

256

Si alguien enciende las luces largas, significa que hay un agente de policía delante. Si encienden y apagan las luces, significa que tus faros están apagados.

257

La aplicación sitorsquat te mostrará los baños públicos más limpios cuando estés de viaje.

258

La aplicación "Por el camino" buscará atracciones interesantes que puedes ver a lo largo de cualquier viaje por carretera.

259

¿En un surtidor de gasolina que tiene una de esas pantallas de vídeo que emiten molestos anuncios mientras bombeas? Pulsa el botón secreto de silencio situado a la derecha de la pantalla, normalmente un botón más abajo.

260

La mejor forma de librarse de los mareos en el coche durante los viajes largos por carretera es inclinar la cabeza hacia un lado.

261

Nunca pongas los pies sobre el salpicadero de un coche. Los airbags pueden estallar como pequeñas bombas y romperte fácilmente las dos piernas.

262

Si planeas un viaje por carretera durante el invierno, aplica un poco de spray de cocina en las rendijas de las puertas antes de salir. Así evitarás que se te congelen las puertas.

263

Puedes asegurarte de que tus cerraduras nunca se congelarán rociándolas con un poco de wd-40.

264

Si los servicios normales de alquiler de coches están agotados o no tienen lo que necesitas, prueba *turo*. Se trata de un mercado de coches compartidos que es como el *Airbnb* de los coches. La gente pone sus vehículos en alquiler, normalmente a precios más baratos que las empresas de alquiler.

265

¿Coger un taxi en Las Vegas? Recuérdele al taxista que no tome la autopista. Tomar la autopista desde el aeropuerto hasta el Strip casi duplica el kilometraje y el precio.

266

¿Le cuesta mantenerse en su carril debido al resplandor de las luces de los coches que circulan en sentido contrario? La mejor forma de asegurarse de que se mantiene en su carril es seguir la línea blanca continua del borde de la calzada, donde empieza el arcén. Así te distraerás mucho menos.

267

¿Te espera un viaje largo? Asegúrate siempre de bajar la música de vez en cuando y escuchar tu coche durante un par de minutos. Si detectas pronto un motor que traquetea, un silenciador roto o algo similar, puedes ahorrarte una situación mucho peor en el camino. Esta medida preventiva podría salvarle todo el viaje.

268

¿Se te han quedado las llaves dentro del coche? No llames a un cerrajero: contrata el paquete de suscripción básica aaa y te enviarán un cerrajero como parte de su servicio de asistencia en carretera. Ser miembro de AAA cuesta 66 euros (frente a los 100 de un cerrajero). Además, si te vuelve a pasar en un año, estás cubierto.

269

¿Atascado en la autopista? Presta atención a los carriles a los que se incorporan los camiones y síguelos. Suelen utilizar una radio cb o un smartphone para comunicar qué carriles están bloqueados o cerrados por un accidente.

270

La secuencia de Fibonacci puede ayudarte a convertir entre millas y kilómetros. Todo lo que tienes que hacer es sumar los dos anteriores para encontrar el siguiente número de la serie. Por ejemplo, 5 mi = 8 km, 8 mi = 13 km, 13 mi = 21 km, y así sucesivamente.

271

Si estás de viaje y tienes que ir al baño, busca el hotel más cercano. Sus baños están mucho más limpios que los de las gasolineras.

272

¿No tienes televisión en el coche para entretener a los pasajeros? Utiliza un soporte de visera para colgar una tableta del parasol del coche y entretener a los pasajeros.

273

¿Te mareas en un barco o crucero? Prueba a comer

jengibre. Es un antiguo remedio natural para tratar las náuseas y el mareo. Algunos cruceros guardan un alijo secreto para repartir entre los huéspedes.

274

Antes de emprender un viaje por carretera, pasa siempre por un banco o una máquina de cambio para hacerte con unos cuantos rollos de monedas de 25 céntimos. Son perfectas para pagar los peajes o alimentar los parquímetros con los que seguro te toparás.

275

Cuando utilices un taxi, pide siempre un recibo al conductor. Si te dejas algo accidentalmente, tienes el nombre de la empresa, el número de contacto y el número de taxi en el que lo dejaste.

Cómo arrancar un coche

(anótelo o tome una foto de esta página como referencia)

276 apaga los dos coches.

277 Sujete el extremo rojo del cable de arranque al borne positivo (+) de la batería del vehículo.

278 Sujete el otro cable de arranque rojo al borne positivo (+) de la batería del vehículo.

279 extremo negro de la pinza en el terminal negativo de la batería (-) del coche en funcionamiento.

280 sujetar el otro extremo negro en una superficie metálica sin pintar en el coche muerto.

281 arrancar el coche en marcha.

282 arranca tu coche muerto.

283 Retire las abrazaderas en el orden inverso al que las colocó.

284 conduzca durante al menos quince minutos para cargar el coche.

285

Puedes utilizar pasta de dientes para limpiar los faros de tu coche. Pon un poco de pasta de dientes en un trapo o paño y frota el faro. Funciona como por arte de magia.

286

Gira el volante 180 grados antes de aparcar al sol. Así no te quemarás las manos cuando empieces a conducir.

287

Guarde mantas, agua, tentempiés no perecederos y una pequeña caja de herramientas en su vehículo por si tiene algún problema con el coche en la carretera.

288

Lleva una pila de repuesto para el llavero de tu coche. No querrás quedarte fuera del coche durante el viaje.

289

¿Se te ha atascado el coche en el barro o la nieve? Puedes conseguir algo de tracción colocando una alfombrilla boca abajo bajo los neumáticos traseros (para tracción trasera) o los delanteros (para tracción delantera).

290

¿Quiere ir al spa en su crucero? Intente reservar en un día de puerto; habrá mucha menos gente. Los cruceros suelen hacer ofertas especiales por este motivo.

291

Introduce tu ruta en la aplicación gasbuddy y te mostrará los precios más baratos de la gasolina en tiempo real durante el trayecto.

292

¿Necesitas refrescarte durante un largo viaje? La mayoría de las paradas de camiones te permitirán utilizar sus instalaciones, incluidas las duchas, por un módico precio.

293

Puedes hacer un cubo de basura para tu coche simplemente forrando un recipiente de plástico para cereales con una bolsa de basura pequeña.

294

¿Vas a un safari, a un zoo, a un parque marino o a algún lugar con animales? Averigua de antemano de qué color es la ropa que llevan los empleados y vístete del mismo color. Los animales se acercarán a ti en lugar de retroceder.

295

¿Viaje familiar a la playa? Mete un cepillo de manos en el coche antes de salir. Podrás quitarte fácilmente toda la arena de los pies antes de subir al coche. También puedes utilizar un rascador de hielo que te haya sobrado del invierno.

296

¿Busca un hotel que admita mascotas? La Quinta y Red Roof Inn son las cadenas hoteleras más populares que admiten mascotas. Si no encuentra ninguno cerca, busque sugerencias en las oficinas de turismo locales.

297

Beber un vaso de agua caliente justo después del despegue y unos cuarenta y cinco minutos antes del aterrizaje puede ayudar mucho a mitigar el dolor de oídos o las molestias que experimentan los niños más pequeños debido al cambio brusco de presión atmosférica.

298

Antes de llevar a tu mascota a otro país, infórmate sobre los requisitos de la embajada para introducir animales en el país. Algunos países exigen un periodo de cuarentena y vacunas contra la rabia, *la bordetella* (tos de las perreras) y la parvovirosis.

299

Puedes conseguir un moisés para bebé gratis en un avión. Algunas aerolíneas los tienen a bordo y otras hay que pedirlos con antelación, así que asegúrate de ponerte en contacto con la compañía aérea antes del vuelo.

300

¿Va a cruzar el país en coche con su perro? Debes saber que algunas leyes estatales (en Nueva Jersey, Rhode Island, etc.) exigen que tu perro lleve cinturón de seguridad o vaya en una jaula. El mero hecho de llevar al perro en el asiento trasero del coche puede acarrear una multa de hasta 1.000 dólares.

301

¿Le duelen los oídos a tu hijo durante los vuelos en avión? Coge dos tazas y pon dentro toallitas de papel mojadas (no goteando) con agua caliente; luego, haz que tu hijo se ponga las tazas sobre las orejas como si fueran auriculares. Esto les aliviará el dolor casi al instante.

302

Si tu perro es propenso a la ansiedad, una de las mejores cosas que puedes hacer es poner dentro de su jaula una camiseta o una manta pequeña que hayas usado recientemente.

303

Cuando vueles con un niño en el regazo, *no te abroches* el cinturón de seguridad alrededor de los dos. Si el avión se detiene repentinamente o se inclina hacia delante, el niño puede resultar mucho más herido que si se hubiera caído de tus brazos. Algunas compañías aéreas ofrecen un cinturón de seguridad adaptable que se coloca dentro del suyo y rodea al niño.

304

Deje que sus hijos elijan una etiqueta de equipaje brillante y colorida. Cuando llegue el momento de esperar su equipaje, permanecerán cerca y atentos porque buscar su equipaje se convierte en un divertido juego de "espiar con la mirada".

305

¿Se lleva a su mascota de viaje por carretera? Para evitar arañazos en los asientos del coche, compre una buena funda de asiento que se ajuste bien al lugar donde estará su mascota. Esto también ayudará a prevenir el infame asiento de coche "peludo".

306

Asegúrate de llevar un quitamanchas (como el de la marea) en la mochila antes de salir. Las manchas son como imanes para los niños en vacaciones; ¡está casi garantizado que lo usarás!

307

¿Estás cenando en la habitación del hotel y necesitas una mesa improvisada para que coman los niños? Cubre la tabla de planchar con una sábana extra para hacer una improvisada mesa de comedor.

308

Antes de llevar a tu hijo a un parque de atracciones concurrido, escribe tus datos de contacto en sus muñecas y cúbrelos con una venda líquida. Si se pierden, tendrán tu número de contacto, y la venda líquida evitará que se borre.

309

Una piruleta alivia los chasquidos y dolores de oído al despegar y aterrizar en niños mayores de tres años. Además, les mantendrá entretenidos un rato.

Cómo llegar a Disneylandia como un profesional

310 evitar ir a disneyland los fines de semana. Durante este tiempo, los lugareños traen a sus hijos en sus días libres, por lo que tiende a llenarse de gente.

311 cualquiera que compre una entrada de 3 días para el parque temático Disney con la opción park hopper puede entrar en el parque disneyland una hora antes los martes, jueves o sábados. Estos son los días en los que deberías visitar primero california adventure porque hay mucha gente en el parque principal.

312 hay una "hora mágica" en la que los huéspedes alojados en los disney resorts pueden entrar en el parque una hora antes que los de entrada general. Los días del parque Disneyland son los martes, jueves y sábados; y los días del parque california adventure son los lunes, miércoles, viernes y domingos.

313 en los hoteles propiedad de Disney puedes solicitar que te despierte un personaje Disney llamando a recepción. Imagine la sorpresa de sus hijos al ser despertados por Mickey o Minnie por la mañana.

314 dondequiera que te alojes en anaheim, hay un servicio de transporte art (anaheim resort transportation)

que recoge a los huéspedes que se alojan en hoteles cercanos al parque. Es una gran opción para llegar al parque si no puedes ir andando.

315 si sus hijos odian esperar en las colas, puede comprar un fastpass para algunas de las atracciones más populares.

316 reservas para restaurantes en Disney pueden hacerse con sesenta días de antelación. Asegúrate de aprovechar estos tiempos de reserva para evitar comer de feria todo el día.

317 si te alojas en un hotel de Disneyland, no tienes que cargar con tus compras todo el día. Puede hacer que se las envíen directamente a la habitación del hotel. Esta ventaja es ideal si quiere comprar a sus hijos peluches o recuerdos que pueden perderse fácilmente en el parque.

318 Asegúrate de guardar sitio para el palacio de los caramelos. Las manzanas de caramelo son legendarias, y cada mes crean un nuevo sabor, como triple chocolate o cacahuete.

319 Si tu objetivo es hacerte una foto con las princesas Disney, dirígete a fantasy faire. Asegúrate de planificar esta parte del día para primera hora de la mañana, cuando las colas son más cortas.

320

Si viajas con la familia, guarda la ropa de dormir y los cepillos de dientes de todos en una bolsa de fácil acceso. Así, cuando llegues a tu destino, no tendrás que rebuscar en un montón de maletas para prepararte para dormir la primera noche.

321

¿Vas a salir un día con los niños? Coge medio rollo de papel higiénico o unos pañuelos de papel y métenlos en la mochila. Lo más probable es que los utilices en algún momento del día.

322

Evita la inevitable pregunta de "¿ya hemos llegado?", pegando un mapa de viaje plastificado en el respaldo del asiento delantero y haciendo que tus hijos tracen la ruta tachando los puntos de referencia.

323

Asegúrese de conservar una copia del certificado veterinario de su mascota durante el viaje. Muchos hoteles, agencias de viajes, centros de cuidado de mascotas y compañías aéreas no aceptarán a su mascota sin él.

324

¿Va de vacaciones a un lugar cálido con su cachorro? Pruebe a darle un cubito de hielo o trocitos de hielo en lugar de agua. Así tendrá una bebida fría cuando se derrita y un juguete divertido con el que jugar.

325

Empaca un rodillo para pelusas: recoge más que pelusas. Úsalo para recoger purpurina, virutas, cereales y muchas otras cosas pequeñas que los niños derraman por todas partes.

326

¿Quieres reducir la cantidad de artículos de aseo que tienes que llevar? Lleva champú y jabón para bebés. Ambos funcionan igual de bien en adultos.

327

¿De viaje con los niños? Rellena unos huevos de Pascua

de plástico con sus aperitivos favoritos y repártelos cuando les entre hambre. Los aperitivos les quitarán el hambre y los huevos entretendrán a tus hijos al menos un rato.

328

Lleve siempre ropa de recambio para sus hijos en el equipaje de mano. Te alegrarás de haberlo hecho cuando surja un momento de desorden.

Cinco consejos para volar con su mascota

329 Nunca deje juguetes, correas o collares sueltos, etc. en la jaula con su mascota. En caso de turbulencias, cualquiera de estos objetos podría dañarlo.

330 ¿Le cuesta meter a su mascota en la jaula? Deje de tratarla como una prisión. Usa una voz alegre y haz que sea una experiencia emocionante.

331 Evite alimentar a su mascota unas horas antes de volar. Así no tendrán la vejiga y el estómago llenos durante todo el vuelo.

332 hacer mucho ejercicio antes del despegue.

333 enjaule a su mascota antes de llegar al aeropuerto. Será mucho más fácil hacerlo en un entorno más tranquilo que un aeropuerto con mucho tráfico.

334

¿Te da miedo separarte de tus hijos en una zona concurrida? Pídeles que se descarguen life360 en sus teléfonos. Mientras el teléfono designado esté encendido, esta aplicación rastrea su ubicación en tiempo real.

335

Pregunte siempre en la seguridad del aeropuerto dónde está el carril TSA para familias. La mayoría de los aeropuertos tienen carriles adaptados para niños.

336

¿El niño se ha hecho daño pero se te ha olvidado meterle una bolsa de hielo? Coge unos paquetes de ketchup de comida rápida y métalos en la nevera del hotel. Tienen el tamaño perfecto para un niño y son lo bastante flexibles como para rodear la mayoría de las zonas lesionadas.

337

Intente dar de comer a su perro después de un viaje largo y no antes. Los perros son más propensos que los humanos a marearse.

338

¿Vuela con niños pequeños? Cuando el empleado de la aerolínea llama a ese primer grupo de personas que "necesitan tiempo extra para embarcar", ¡esto le incluye a usted!

339

¿Quiere mantener a sus hijos distraídos en el aeropuerto? Juega al bingo. Haz un tablero de bingo cuadrado y añade cosas como una torre de control del tráfico aéreo, un autobús, auriculares, una maleta con ruedas, un bebé, un piloto, un teléfono móvil, alguien con un portátil, una hamburguesa, un policía, un avión, alguien durmiendo, un cochecito, un auxiliar de vuelo, un carrito de equipajes, un detector de metales, un reloj, un periódico, un carrito de bebidas y cualquier otra cosa que puedas encontrar en un avión o en la terminal de un aeropuerto.

340

¿Piensa llevarse a su nueva mascota al extranjero? Asegúrese de que tiene al menos ocho semanas. Las aerolíneas no admiten animales de menos de esa edad.

341

Evite que sus hijos se queden con hambre durante el vuelo llevando algunos de sus tentempiés favoritos. Las aerolíneas no suelen ofrecer demasiados tentempiés para niños.

342

¿Te preocupa que tu bebé o tus hijos molesten a la gente del avión? Prueba a repartir una bolsa de regalos "a prueba de niños". Incluye unos tapones para los oídos, un antifaz, unos caramelos y una nota de agradecimiento por su comprensión.

343

¿Quiere ahorrar dinero durante sus vacaciones? Nunca subestimes el valor de las promociones de "los niños comen gratis". Muchos lugares de todo el mundo las ofrecen y suelen tener los detalles en sus sitios web.

344

La mayoría de los trenes permiten que los niños conozcan al revisor; basta con preguntar a alguien que trabaje allí para que te lleven a conocerlo.

345

¿Quieres que tu hijo se porte bien durante el vuelo? Cómprale un juguete nuevo para el viaje y no se lo des hasta que estéis en el avión. Incluso puedes usar esto como palanca para que se comporte durante el embarque.

346

Antes de meter a su mascota en la jaula, asegúrese de ponerle el collar, la correa y el arnés. Lo último que querrás hacer es intentar colocárselos en un aeropuerto con mucho tráfico después de un largo vuelo.

347

Si vas a un sitio muy concurrido con niños, como un

parque de atracciones, hazles una foto rápida al principio de la excursión. Así, si se pierden, podrás enseñarles una foto actualizada con lo que llevan puesto exactamente.

348

Consulta siempre las leyes sobre viajar con animales de compañía en otros estados/países, ya que pueden variar de un lugar a otro.

349

Si desea reservar unas vacaciones con todo incluido, es mejor que reserve el hotel y, cuando se registre, cambie a un paquete con todo incluido. De este modo, tendrá la oportunidad de ver lo que realmente está adquiriendo. Y en la mayoría de los casos, si decide cambiar de categoría, obtendrá una tarifa mucho más barata.

350

¿Buscas otra forma de mejorar el sabor de tu comida en el avión? Empaqueta tus propias especias en una pajita o cajita hermética, como un bote de tic tac. Rellénalo con nuevas especias de tu destino para el viaje de vuelta.

351

¿Aparcar el coche con el aparcacoches del hotel? Ve primero a desayunar antes de coger el coche. Normalmente, todo el mundo intenta coger el coche a la hora de salida del hotel. Esto puede hacerte esperar más de treinta o cuarenta minutos.

352

Dormir en una habitación de hotel ya es bastante difícil sin esas lucecitas parpadeantes por toda la habitación (teléfono, televisión, detectores de humo, etc.). Asegúrate de llevar un rollo de cinta aislante para poder bloquearlas.

353

Utiliza un clip de carpeta de agarre suave y una goma elástica para hacer un soporte de teléfono/gps de bricolaje:

354

¿Tienes miedo de que se te derrame la bebida en el coche? Pon un poco de film transparente en la parte superior y haz un agujero para crear un vaso improvisado (para adultos).

355

Algunos minibares de hotel funcionan con sensores, lo que significa que te cobrarán sólo por sacar un artículo de su sitio. Comprueba siempre la cuenta al salir para que no te cobren algo que no tenías.

356

Asegúrate siempre de añadir el nombre de tu cónyuge a la reserva del hotel. Muchos hoteles no permiten el acceso o la entrega de llaves adicionales a personas que no se hayan registrado en la habitación, aunque tengas el mismo apellido que ellos.

357

¿Quieres ahorrar dinero en comida? Utiliza la cafetera de tu habitación de hotel para preparar alimentos como copos de avena, ramen, macarrones con queso y mezclas de sopa seca.

358

¿No sabe qué comer en un restaurante cuando está de viaje? Nunca te equivocarás pidiendo el plato favorito del chef.

359

Los alimentos más comunes que causan intoxicación alimentaria son el pollo, el marisco, la leche cruda, los huevos, los germinados y la harina o masa cruda.

360

Si en la recepción del hotel te llaman para verificar los datos de tu tarjeta de crédito, baja y habla con ellos en persona. Es una estafa muy común que llamen a tu habitación (algo fácil de hacer) y se hagan pasar por alguien de recepción.

361

¿Se ha equivocado de botón en el ascensor del hotel? Vuelva a pulsar el mismo botón dos veces. Así deshará la parada solicitada y evitará detenerse en esa planta.

362

Si vas a comer a un restaurante japonés, no frotes los palillos. Este gesto es ofensivo para el restaurante porque sugiere que sus palillos son baratos e inferiores.

363

Antes de planchar la ropa en un hotel, echa las primeras bocanadas en una toalla. A veces las planchas de los hoteles pueden estar meses sin usarse, y los agujeros del vapor pueden llenarse de unos depósitos minerales marrones.

364

Si viajas con un presupuesto muy reducido y necesitas un lugar donde pasar la noche, prueba a buscar algo llamado "acampada dispersa", que consiste en acampar en cualquier lugar fuera de un sitio designado. En estos campings, puedes dormir en tu coche o montar una tienda de campaña gratis. Para encontrar lugares realmente bonitos, echa un vistazo a los comentarios de aplicaciones como campendium o ioverlander.

365

¿Buscas una reserva de última hora para cenar? Utiliza la aplicación opentable. Te muestra las reservas abiertas en lugares cercanos con un simple clic. Es especialmente útil si quieres reservar para un grupo grande.

366

Si en la habitación del hotel no hay plancha, cuelga la ropa en el cuarto de baño y pon la ducha a la temperatura más alta posible. Todas las arrugas habrán desaparecido en diez minutos.

367

¿Te han invitado a cenar pero no sabes qué precio pedir? Pregúntales qué te recomiendan.

368

¿Se empaña el espejo del hotel? Frótalo con un poco de agua jabonosa antes de ducharte o de abrir el grifo.

369

¿No hay lavandería donde te alojas? Lleva detergente de viaje, como los paquetes de lavabo de viaje de Tide. Son como convertir tu fregadero en una lavadora.

370

¿No te fías de las cajas fuertes de los hoteles? Puedes llevarte tu propia caja fuerte portátil, como la de master lock, que se cierra como un candado de bicicleta.

371

¿La luz de la puerta del hotel se enciende en verde pero no se abre? Intente levantar la manilla. La mayoría de los huéspedes empujan hacia abajo para abrir las puertas, lo que suele desgastar estos engranajes; pero funcionan igual si tira de ellos hacia arriba.

372

En lugar de gastarte una fortuna en el bar del hotel, compra tus bebidas favoritas en una licorería o gasolinera cercana. Llena el fregadero con hielo de la máquina de hielo y úsalo como nevera para tus bebidas.

373

Siempre que vayas a un restaurante, asegúrate de lavarte las manos después de leer el menú y pedir. Los menús suelen ser lo más sucio que se toca en un restaurante, porque todo el mundo los ha tocado, y rara vez se lavan.

Diez países en los que no es habitual dejar propina

374 Australia

375 Bélgica

376 Brasil

377 Porcelana

378 Dinamarca

379 Estonia

380 Japón

381 Nueva Zelanda

382 Corea Del Sur

383 Suiza

¿Olvidaste el enchufe de pared para tu cargador? La mayoría de los televisores de hotel tienen un conector USB en la parte trasera o lateral de la unidad. Todo lo que tienes que hacer es conectar tu dispositivo al televisor con un cable USB y ver cómo se carga.

385

Cuando busques un albergue u hotel en Internet, fíjate

en las opiniones de tres estrellas. Suelen ser las más honestas y contienen pros y contras sobre el lugar.

386

¿Quieres alargar la vida de tus pilas recargables? Mételas en la nevera de la habitación del hotel. Las bajas temperaturas las ayudarán a conservar la carga cuando no las estés utilizando.

387

¿Las cortinas del hotel no cierran del todo? Coge una percha para pantalones o faldas del armario y utiliza las pinzas para unir los paneles de las cortinas.

388

Tenga en cuenta que casi todos los hoteles le permiten prolongar una hora su hora de salida. Si estás en una concurrida conferencia de negocios, a menudo esto puede ahorrarte esperar en una cola de caja abarrotada.

389

¿Te alojas en un apartamento durante tu viaje? Dependiendo del país que visites, suele ser más barato (y cómodo) pagar la tasa de maleta extra de la aerolínea y llevarte tu propia comida.

390

¿No hay suficiente superficie en el baño del hotel? Saca la tabla de planchar para tener más espacio.

391

Cuando llegue a su destino, pida al recepcionista del hotel o al anfitrión que le escriba el nombre, la dirección y el teléfono del hotel en la lengua materna del país.

392

¿Estás de acampada y has olvidado alguno de los ingredientes necesarios para hacer s'mores? Prueba esta alternativa: abre una galleta de sándwich rellena de crema (como una oreo) y añade un poco de chocolate y un malvavisco tostado.

393

¿La habitación del hotel es demasiado seca? Puedes hacer un sencillo humidificador de diy mojando una toalla, anillándola para que no quede empapada y colgándola sobre la tabla de planchar frente a la rejilla de la calefacción.

394

Para saber si un restaurante es auténtico, hay que fijarse en el idioma del cartel y del menú. Si la mayoría de los platos de la carta están en la lengua materna del restaurante, lo más probable es que la comida sea auténtica y deliciosa.

395

¿Le cuesta dormirse en la habitación del hotel? Puede que la habitación esté demasiado caliente. La temperatura ideal para dormir oscila entre 60°f y 62°f. Si el termostato del hotel no está ajustado a esta temperatura, cámbialo.

Cómo anular el termostato de un hotel

396 mantenga pulsado el botón "display" del termostato.

397 pulse simultáneamente el botón "off".

398 mantenga pulsada la tecla "display", suelte la tecla "off" y pulse la flecha hacia arriba.

399 suelte todos los botones. Ahora tendrás el control total del termostato.

400

¿Quiere saber cuál es el mejor sitio para comer en un viaje por carretera? Busca los lugares donde estén aparcados muchos camiones. La mayoría de los camioneros han hecho las mismas rutas cientos de veces, así que suelen saber dónde están los mejores sitios para comer.

401

¿Te preguntas si hay sábanas limpias en el colchón de tu habitación de hotel? Fíjate en las arrugas. Los hoteles siempre doblan bien las sábanas después de limpiarlas. Si hay arrugas, es que son nuevas.

402

Si duermes en un albergue con varias personas, coge siempre la cama que chirría. Nunca te despertarán los ruidos de la cama, ya que serás tú quien los haga.

403

¿No encuentras una superficie higiénica donde poner el cepillo de dientes en un hotel? Apuñala el extremo del mango en uno de los vasos de café de papel que los hoteles proporcionan en cada habitación.

404

¿Tienes una habitación de hotel sin nevera? Coge hielo y llena el lavabo del baño.

405

No dejes propina en Argentina, francia, japón, omán o yemen. Las propinas suelen estar incluidas y, si las dejas, corres el riesgo de insultar al personal.

406

En general, cuando se trata de encontrar un buen restaurante en el extranjero, cuanto más pequeño es el menú, mejor es la comida.

407

Cuando te registres en un hotel de una zona que no

conozcas, coge la tarjeta de visita del hotel para poder enseñar la dirección a los taxistas.

408

¿Piensas dormir en el coche? Llévate una balsa hinchable de piscina y colócala en el asiento trasero para ampliar la zona de descanso. Por la mañana, basta con desinflarla para recuperar espacio en el asiento trasero.

409

¿Quieres visitar París? Deberías saber que hay una réplica exacta de la torre eiffel y otros edificios franceses en tianducheng, china, y que alojarse allí te costaría bastante menos dinero que hacerlo en parís.

410

¿Vas de mochilero con un amigo? Intercambia las mochilas mientras haces senderismo o turismo. Si necesitas algo de tu mochila, puedes cogerlo sin tener que quitártela de la espalda.

411

¿Sabías que *wikipedia tiene* un sitio web hermano para viajeros? Se llama *wikivoyage,* un sitio donde autores voluntarios pueden escribir guías de viaje con consejos y experiencias sobre destinos y temas de viaje, y luego otros pueden editarlas o añadirles información.

412

Muchos museos de Nueva York son gratuitos. Algunos, como el Museo Americano de Historia Natural, son de pago, pero ten en cuenta que se trata solo de recomendaciones.

413

¿Quieres hacer contactos en una conferencia? Llévate

una regleta con cargadores para el móvil. No sólo te servirá para iniciar una conversación, sino que también te hará parecer preparado y fiable. Tendrás un montón de nuevos contactos en un abrir y cerrar de ojos.

414

Algunas aerolíneas tienen obsequios para los niños, como páginas para colorear, juegos y actividades para mantenerlos entretenidos; basta con preguntar a un miembro de la tripulación de vuelo.

415

Ten en cuenta que, cuando recuerdes las fotos de tus vacaciones dentro de veinte años, las que más te gustarán serán las de las personas, no las de los edificios. Así que olvídate de hacer treinta fotos de ese castillo y, en su lugar, haz una foto de tu familia.

416

¿Quieres ir a algún sitio pero no tienes con quién? Ve solo. Será fácil conocer a un montón de gente porque todos tenéis ese grupo, deporte o evento en común.

417

¿Busca una vista única de la ciudad que la mayoría de la gente no tiene? Averigua dónde están los aparcamientos más altos y sube a sus últimas plantas.

418

Un estudio reciente demostró que la mejor hora para visitar lugares históricos y monumentos es muy temprano, muy tarde o cuando la gente está comiendo (por ejemplo, a la hora de comer).

419

¿Vas a Pompeya? Considere la posibilidad de visitar

Herculano. Al igual que Pompeya, también quedó cubierta de ceniza y lodo durante la erupción del monte Vesubio en el año 79 d.C., pero Herculano está mejor conservada. Además, habrá muchos menos turistas.

420

Si usted o un familiar suyo es discapacitado, puede conseguir gratis un pase de acceso vitalicio al servicio de parques nacionales. Con este pase, usted y tres adultos podrán entrar gratis en cualquier parque nacional de Estados Unidos.

421

¿Vas a la playa? Lleva una sábana bajera y envuelve las cuatro esquinas de tus bolsas, nevera, etc. para crear un pequeño muro y mantener tu zona libre de arena.

422

Intente siempre visitar la oficina de turismo local cuando llegue a su destino. Conocen todos los eventos especiales que se celebran en la zona y pueden ofrecerte descuentos en cosas que ya ibas a hacer.

423

Infórmese sobre los pases urbanos de su ciudad de destino. Estos pases ofrecen descuentos en muchas de las principales atracciones turísticas de la ciudad. En París, por ejemplo, puedes conseguir un pase para más de sesenta museos de la ciudad.

424

¿Planea ir de acampada o a algún lugar rural? Infórmese sobre las próximas lluvias de estrellas y planifique su viaje para esas fechas. Nunca verá lluvias de estrellas tan intensas como las que se producen en los cielos de las zonas rurales, y además es un entretenimiento gratuito.

425

¿En un tren o autobús con mucho tráfico y con una mochila? Dale la vuelta y colócala en tu regazo, contra tu pecho. Así evitarás que alguien te la robe y tendrás algo más de "espacio personal".

426

Cuando visites un monumento famoso durante tus vacaciones, como la torre eiffel, asegúrate de que una persona de tu viaje sale en las fotos. No hay nada peor que llegar a casa y tener un montón de fotos que podrías haber encontrado con una rápida búsqueda en Google.

427

¿Odias ir a los baños públicos pero no tienes otra opción? Elige el más cercano a la puerta, que se ha demostrado que es el menos utilizado y, por tanto, el más limpio.

No hagas estas cosas en público

428 Chile: no comas con las manos.

429 China: no regales un reloj ni un paraguas.

430 Hungría: no chocar las copas al brindar.

431 India: no toques al sexo opuesto en público.

432 Irlanda: no intentes imitar el acento irlandés.

433 Noruega: no preguntes si vas a la iglesia.

434 Singapur: no comas en el transporte público.

435 Ucrania: no regales a alguien un número par de flores.

436 Estados Unidos: no olvides dar propinas.

En el Reino Unido, si en el bar sirven comida pero no

hay cubiertos ni servilletas en la mesa, significa que tienes que levantarte y pedir en la barra.

438

¿Quieres que los comerciantes locales te dejen en paz? Ponte auriculares. No hace falta que escuches nada; con sólo llevarlos, es menos probable que te molesten.

439

¿Quieres vivir una experiencia auténtica en una ciudad? Apaga Google Maps y piérdete a propósito. Pasear por una ciudad es una de las mejores formas de conocer la cultura y la gente de una comunidad.

440

Antes de irte de vacaciones, haz una búsqueda rápida en Google de tu destino seguida de las palabras "estafa turística". No se trata de asustarle para que no vaya, sino de aumentar sus conocimientos para que pueda disfrutar de sus vacaciones.

441

Si alguna vez te pierdes en una ciudad, pide indicaciones a alguien que pasee a un perro: lo más probable es que sean de la zona.

442

¿Te alojas en un complejo con todo incluido? Empieza tu visita dándole 20 dólares de propina al camarero. Recibirás un servicio increíble durante el resto del viaje.

443

Pasa el tiempo divirtiéndote sin tener que buscar una farmacia: lleva siempre un botiquín de primeros auxilios que contenga cosas como antiácidos estomacales, crema antibacteriana, medicamentos para el resfriado, gotas para la garganta y, por supuesto, vendas.

444

¿Quieres disfrutar de una vista impresionante del horizonte de Nueva York? No vayas al Empire State Building, sino al Rockefeller Center. La vista es igual de buena y apenas hay colas para acceder a la plataforma de observación.

445

Se sabe que algunas tiendas de recuerdos (sobre todo en México) hacen que los objetos caros se rompan al tocarlos, obligándote a pagar los daños. Así que, ¡no toques nada!

446

¿Estás en la playa y no tienes a nadie cerca para vigilar tus pertenencias? ¡Entiérralas! Guarda tus cosas en una bolsa de plástico con cierre y entiérralas en la arena. Asegúrate de dejar un marcador en la arena para recordar dónde las dejaste.

447

Algunos hoteles te permiten llevarte a casa sus tazas de café. Sólo tienes que pedirlo. En la mayoría de los casos, el hotel estará encantado de que utilices una taza con su logotipo.

448

¿Viaja a algún sitio y quiere aprender el idioma? Empiece por averiguar las cien palabras más frecuentes. Esas palabras constituyen aproximadamente el 50% del habla cotidiana.

449

¿Quiere una mejora en su avión, hotel, restaurante, etc.?

Pídelo. Te sorprenderá lo servicial que es el personal y lo que hacen por sus clientes. Puede que incluso te ofrezcan un descuento. Lo peor que puede pasar es que digan que no.

450

Vuele a la ciudad portuaria de su crucero el día anterior a la salida del mismo. Claro, su crucero en realidad no puede salir hasta las 4 o 5 de la tarde en su día de salida, pero ¿qué pasa cuando su avión se retrasa y usted está atrapado en otra ciudad cuando su crucero está embarcando? Vaya con un día de antelación y esté preparado.

Conclusión

Y ahí lo tenemos: el final de nuestro viaje. A estas alturas, ya dispones de un arsenal de consejos y trucos para transformar tus experiencias de viaje de caóticas a ágiles, eficientes y, lo más importante, agradables.

Desde dominar el arte de hacer maletas ligeras hasta navegar por destinos desconocidos, estos trucos están diseñados para aliviar la carga del viaje y aumentar el placer de la exploración. Recuerda que viajar no es solo llegar a un destino, sino vivir experiencias, crear recuerdos y compartir historias.

Al cerrar este libro, espero que te sientas más seguro y entusiasmado con tus futuros viajes. Tanto si eres un viajero experimentado como alguien que acaba de empezar a explorar el mundo, estos trucos están aquí para guiarte en cada paso del camino.

Así que adelante, haz las maletas, lánzate a la aventura y no olvides compartir tus trucos de viaje con los demás. Al fin y al cabo, las mejores experiencias de viaje son las que se comparten. Buen viaje.

www.ingramcontent.com/pod-product-compliance
Lightning Source LLC
Chambersburg PA
CBHW072158070526
44585CB00015B/1199